KB126686

한국사 교과서 논술

3권

조선 건국~조선 후기

siso
study

저자

김경선
아들 준수에게, 조카들에게, 동네 어린 친구들에게 재미있고, 유익한 이야기를 들려주고 싶어 글을 쓰고 있습니다. 2005년에 《미래과학사전》으로 과학기술부 과학문화재단에서 우수과학도서상을 받았고, 국립중앙박물관 음성 안내 서비스 원고와 국립 한글박물관 어린이 책을 집필했습니다.
과학, 역사, 문화, 철학 등 다방면에 관심을 갖고 어린이·청소년 책을 기획하고 썼습니다. 그동안 쓴 책으로는 《와글와글 할 말 많은 세계사 1》, 《떴다! 지식 탐험대-인체, 공룡》, 《돌멩이랑 주먹도끼랑 어떻게 다를까?》, 《미니스커트는 어떻게 세상을 바꿨을까?》, 《꼰대아빠와 등골브레이커의 브랜드 썰전》, 《세상을 들여다보는 한자》, 《말공부 역사공부》, 《세상을 흔들어라 콘텐츠의 힘》 등이 있습니다.

한화주
어린이 책을 쓰고 있습니다. 친구랑 노는 것처럼 재미있고, 생각이 자라는 데 도움을 주는 글을 쓰고 싶습니다. 그동안 쓴 책으로는 《와글와글 할 말 많은 세계사 2》, 《신통방통 거북선》, 《공부가 쉬워지는 한국사 첫걸음》, 《떴다! 지식 탐험대-민속 편·인성 편》, 《미래를 살리는 착한 소비 이야기》, 《어린이를 위한 동물 복지 이야기》, 《대한민국 도시 탐험》, 《다문화 친구 민이가 뿔났다》, 《권정생의 호롱》 등이 있습니다.

강영주
어린이가 책을 재미있게 읽고 글을 잘 쓰는 방법을 연구하며, 국어(한글), 독해, 논술, 역사, 사회, 과학 분야에서 여러 책을 기획·집필하고 있습니다. 《고전 안에 일기 비법 있다!》가 한국출판문화산업진흥원 우수 콘텐츠로 선정되었으며, 현재 《한국사 잡는 독해》를 〈어린이 조선〉에 연재하고 있습니다.
그동안 쓴 책으로는 《내 손으로 그리는 한국사》, 《내 손으로 그리는 세계사》, 《역사 안에 속담 있다!》, 《맞춤법 잡는 글쓰기》, 《교원 용어 한국사》, 《교원 통째로 먹는 사회·과학》, 《기탄 한글떼기》 등이 있습니다.

감수

황은희
고려대학교 역사교육과를 졸업한 뒤 서울교육대학교 대학원 사회과교육과에서 공부했습니다. 초등학교에서 아이들을 가르치고 있으며, 그동안 쓴 책으로는 《그림으로 보는 한국사 2, 4, 5》, 《어린이들의 한국사》(공저), 《나의 첫 세계사 여행》(공저) 등이 있습니다.

'내일 뉴스'가 되는 역사

지금도 가끔 기억나는 만화가 있어요. 제목이 〈내일 뉴스〉였는데요. 만화 속 주인공이 다른 사람들은 모르는 내일 뉴스를 보며, 다음 날 어떤 일이 일어날지 미리 아는 내용이었어요. 어릴 적 그 만화 주인공이 얼마나 부러웠는지 몰라요. 나쁜 일은 미리 막고, 좋은 일은 더 많이 경험할 수 있을 테니까요. 만약 여러분도 내일 뉴스를 볼 수 있다면 어떻게 하겠어요?

영국의 시인 바이런은 "미래에 대한 최선의 예언자는 과거다."라고 말했어요. 과거를 보면 미래를 예측할 수 있다는 뜻이죠. 과거를 기록한 역사를 돌이켜 보면, 비슷한 일이 반복되는 걸 알 수 있어요. 우리는 지금 여러분에게 내일 뉴스를 소개하려고 해요.

삼국 시대 백제, 고구려, 신라 세 나라는 차례로 고대 국가의 기틀을 마련해요. 불교로 백성들의 마음을 한데 모으고, 왕권을 강화했지요. 그리고 나라의 질서를 만들기 위해 법을 만들었어요. 이렇게 나라의 기틀을 마련하자 세 나라는 차례로 전성기를 맞아요. 전성기를 맞은 순서도 나라의 기틀을 마련한 순서와 같이 백제, 고구려, 신라 순서였지요. 아마 당시에 누군가는 나라의 기틀을 마련하면 강한 나라로 발전할 수 있다는 것을 다른 나라의 역사를 보고 알고 있었을지 몰라요.

역사를 통해 알 수 있는 내일 뉴스는 이렇게 거창한 것만 있지 않아요. 역사는 결국 사람들의 이야기지요. 우리보다 앞서 살았던 역사 속 인물들의 행동과 선택을 답안지 삼아 우리의 문제를 해결할 수 있어요. 그들의 이야기가 결국 내 삶의 내일 뉴스가 되는 것이지요.

그런데 말이에요. 무작정 역사적인 사건을 외워서는 내일 뉴스를 제대로 볼 수 없어요. 역사를 공부하고, 그 의미를 생각하는 시간이 꼭 필요해요. 옛날이야기처럼 재미있는 역사 이야기를 읽고, 그 이야기에 담긴 의미를 논술 문제를 통해 곰곰이 생각해 보세요. 그러면 역사 실력도 늘고, 나만의 내일 뉴스도 볼 수 있을 거예요. 여러분의 멋진 내일을 기원합니다!

2021년 6월 저자 일동

쉽고 재미있고 똑똑하게 만나는 한국사

《진짜 진짜 한국사 교과서 논술》은 초등 사회 교과서를 중심으로 한국사와 논술을 결합한 학습서입니다. 이야기를 읽으며 역사를 재미있게 이해하고, 마인드맵으로 역사적 맥락을 쉽게 짚고, 서술·논술형 문제로 역사적 의미를 똑똑하게 파악할 수 있습니다. 여기에 스스로 세우는 학습 계획표와 자신의 학습 능력을 평가할 수 있는 수행 평가까지 마련되어 자기 주도 학습 습관을 확실하게 잡아 줍니다.

하루 3장, 100일 한국사 완성

선사 시대부터 우리가 살아가는 현대까지 한국사의 중요한 사건들을 총 5권으로 정리했습니다. 하루에 3장씩 이야기를 읽고 문제를 풀다 보면 100일 뒤에는 한국사의 전체 흐름을 이해하는 것은 물론, 역사적 안목까지 갖출 수 있어요.

만화처럼 흥미로운 스토리 한국사

진쌤과 은파, 미루와 함께하는 한국사는 지루하거나 어렵지 않습니다. 진쌤의 친절하고 꼼꼼한 설명과 은파와 미루의 톡톡 튀는 대화는 역사 이야기에 더욱 집중할 수 있게 해 줍니다.

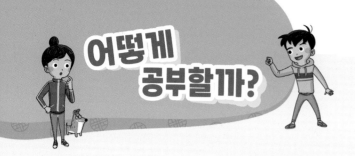

어떻게 공부할까?

① 나만의 학습 계획표 짜기

하루에 하나씩 이야기를 읽고 1장의 문제로 점검합니다. 그럼 20일에 한 권을 완성할 수 있어요. '진짜 진짜 나만의 학습 계획표'를 보면서 스스로 학습 계획을 세워 보세요.

② 연표로 예상하기

본격적으로 이야기를 읽기 전, 공부할 내용을 미리 생각해 볼 수 있도록 구성했습니다. 대표 그림과 제목을 보고 무엇을 이야기하는지 짐작해 보세요. 또, 연표와 사진 등을 통해 어떤 사건이 일어났는지 확인한 다음, 앞으로 무슨 이야기가 펼쳐질지 미리 짐작해 보세요.

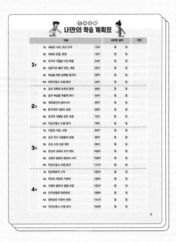

③ 한국사 이야기 읽기

호기심 많은 은파와 미루, 친절하고 명쾌한 진쌤과 함께 한국사 이야기를 읽어 보세요. 이야기는 초등 사회교과서를 중심으로 구성했으며, 중·고등 교과서에 실린 내용도 쉽게 풀어 다루었습니다. 교과 과정에서 꼭 다루는 역사적 사건을 비롯해 주요 인물, 역사 용어, 문화유산 등을 모두 담았습니다.

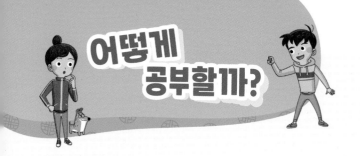

어떻게 공부할까?

4 풍부한 자료 읽기

어려운 단어가 있더라도 걱정하지 마세요. 내용을 쉽게 이해할 수 있도록 낱말과 역사 용어의 뜻풀이는 물론, 한자어까지 풀어놓았어요. 또한 당시 상황을 한눈에 알 수 있는 삽화와 정보를 담은 지도, 생생한 문화유산 사진 등 풍부한 시각적 자료를 제시해 읽고 해석하는 능력과 탐구 능력을 기를 수 있습니다.

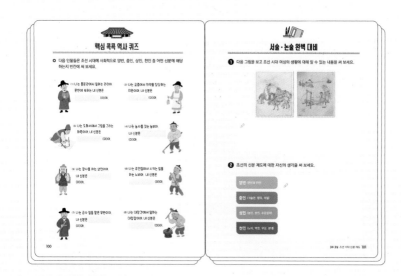

5 핵심 콕콕 역사 퀴즈

이야기를 다 읽은 뒤에는 역사 퀴즈를 풀어 보세요. 핵심만 딱 짚어 주는 사건 및 용어를 바탕으로 문제를 구성했습니다. 어렵고 딱딱한 시험이 아니라 마치 게임을 하듯 재미있게 문제를 풀 수 있습니다.

6 서술·논술 완벽 대비

핵심 개념을 퀴즈로 풀었다면, 이제 공부한 내용을 바탕으로 사고력을 높일 수 있는 서술 및 논술형 문제를 풀 차례입니다. 역사의 주요 사건을 중심으로 원인과 결과를 분석하고, 자신의 생각을 정리해 볼 수 있습니다.

❼ 한눈에 쏙 마인드맵

한 주 과정을 모두 마치고 난 다음, 역사적 사건과 맥락을 마인드맵으로 요약·정리합니다. 주요 사건의 앞뒤 상황을 이해하고 내용의 흐름을 한눈에 파악할 수 있습니다. 시험에 자주 나오는 핵심 개념 중심으로 정리한 마인드맵으로 체계적인 학습을 해 보세요.

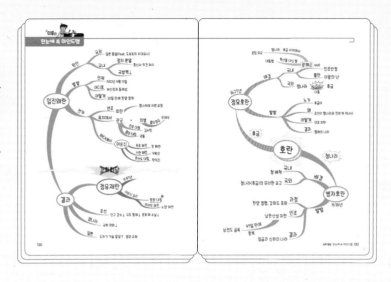

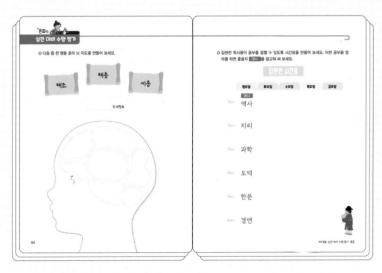

❽ 실전 대비 수행 평가

앞서 읽은 내용을 스스로 정리하며 마무리하는 활동입니다. 수행 평가를 미리 학습할 수 있어 교과 과정을 따라가는 데에도 효과적입니다. 다양한 활동으로 구성한 수행 평가로 자기 주도 학습 능력을 길러 보세요.

부록

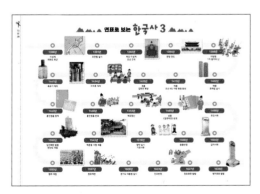

❶ 연표로 보는 한국사

각 권마다 시대별 주요 인물과 사건, 문화유산 등을 쭉 훑어볼 수 있는 연표가 수록되어 있습니다. 시대별 변화를 비교해 보며 역사와 문화, 인물, 생활 등을 한눈에 펼쳐 보세요.

❷ 마인드맵 노트

역사적 핵심 개념을 한눈에 확인하는 마인드맵을 직접 그려 보세요. 꼭 알아야 할 역사적 주요 사건이나 인물, 문화유산 등을 채우며 한국사 지식을 더욱 탄탄하게 쌓을 수 있습니다.

진짜진짜 교과 관련 연계 학습표

권	관련 교과
1권 선사 ~ 남북국	**초등** [사회 5-2] 1. 옛사람들의 삶과 문화 (1) 나라의 등장과 발전 **중등** Ⅰ. 선사 문화와 고대 국가의 형성 Ⅱ. 남북국 시대의 전개
2권 후삼국 ~ 고려	**초등** [사회 5-2] 1. 옛사람들의 삶과 문화 (2) 독창적 문화를 발전시킨 고려 **중등** Ⅲ. 고려의 성립과 변천
3권 조선 건국 ~ 조선 후기	**초등** [사회 5-2] 1. 옛사람들의 삶과 문화 (3) 민족 문화를 지켜 나간 조선 **중등** Ⅳ. 조선의 성립과 발전
4권 조선 후기 ~ 대한 제국	**초등** [사회 5-2] 2. 사회의 새로운 변화와 오늘날의 우리 (1) 새로운 사회를 향한 움직임 **중등** Ⅴ. 조선 사회의 변동
5권 대한 제국 ~ 현대	**초등** [사회 5-2] 2. 사회의 새로운 변화와 오늘날의 우리 　(2) 일제의 침략과 광복을 위한 노력 　(3) 대한민국 정부의 수립과 6·25 전쟁 **초등** [사회 6-1] 1. 우리나라의 정치 발전 (1) 민주주의의 발전과 시민 참여 2. 우리나라의 경제 발전 (2) 우리나라의 경제 성장 **중등** Ⅵ. 근·현대 사회의 전개

＊중학교 역사 교과서는 금성출판사를 바탕으로 기재했습니다.

진짜진짜 나만의 학습 계획표

1388년

위화도 회군

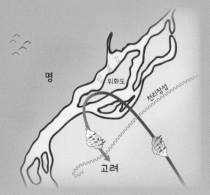

1392년

태조 이성계
조선 건국

1394년

한양 천도

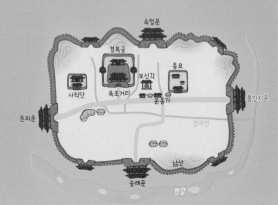

1주

1398년
이방원
1차 왕자의 난

1402년
태종
호패법 실시

1420년
세종
집현전 확장

새로운 나라, 조선 건국

쌤, 고려는 공민왕 이후 어떻게 됐어요?

고려의 변화를 원하는 사람들이 목소리를 높이기 시작했단다.

변화요? 그럼 그들이 새로운 나라, 조선을 세운 건가요?

권문세족 고려 후기 대표적인 정치 세력

맞아, 조선은 고려의 멸망을 내다보고 새로운 나라를 꿈꾼 사람들에 의해 세워졌어. 하지만 고려에서 조선으로 바뀌는 과정은 쉽지 않았지. 백성의 땅을 마음대로 빼앗고 세금을 마구 걷어 가는 권문세족들이 권력을 잡고 있었거든. 게다가 외부에서는 홍건적과 왜구의 침입이 잦았어.

▼홍건적은 원나라의 지배에 반대해서 난을 일으킨 한족의 무리로 머리에 붉은 수건을 둘러서 홍건적이라고 불렀어.

이때 백성의 편에 서서 권문세족의 비리를 비판한 세력이 있었는데, 이들을 '신진 사대부'라고 해. 신진 사대부는 중국 명나라에서 들여온 성리학을 공부해서 새롭게 관리가 된 사람들이야. 신진 사대부는 공민왕의 개혁 정책에 적극적으로 참여했고, 한족이 세운 명나라와 사이가 좋았단다.

◀ 왜구는 고려 시대부터 조선 시대까지 약탈을 일삼던 일본 해적을 이르는 말이야.

신진 사대부인 정도전은 부패한 권문세족을 몰아내고 유교 사상을 바탕으로 새 나라를 세우는 게 꿈이었어. 그래서 이성계와 함께 새 나라를 건국하기로 계획했지. 당시 백성들은 왜구와 홍건적을 무찌르고 고려를 지킨 새로운 무인 세력에 희망을 걸고 있었는데, 이성계는 무인 세력의 대표적인 인물이야.

한편, 한창 세력을 키우던 명나라는 고려가 여전히 원나라와 가깝게 지내는 것이 못마땅했어. 그래서 한반도 북쪽 땅을 내놓으라고 큰소리치며 고려를 압박했지. 최영과 권문세족은 땅을 내놓기는커녕 오히려 명나라의 전쟁 기지인 요동을 공격하자고 우왕을 설득했어. 하지만 이성계는 '요동 정벌 4불가론'을 내세우며 요동 정벌에 반대했지. 요동 정벌 4불가론은 다음과 같아.

명나라 몽골족이 세운 원나라를 멸망시키고 한족이 세운 나라

정벌 적 또는 죄 있는 무리를 무력으로 치는 것

1. 작은 나라가 큰 나라를 거스를 수 없다.
2. 여름철에 군사를 부리면 안 된다.
3. 왜구가 침범할지도 모른다.
4. 전염병이 돌 수 있다.

우왕은 이성계의 말을 듣지 않고 오히려 이성계에게 요동 정벌을 명했지. 위화도에 도착한 이성계는 압록강을 건너지 않은 채 더 이상 요동에 나아갈 수 없다고 고려 조정에 전했어. 하지만 우왕은 요동으로 계속 전진하라고 명령했지. 한참을 고민하던 이성계는 왕의 명령을 어기고 반란을 일으키기로 결심해. 이성계는 개경으로 돌아와 최영을 죽이고 우왕을 임금의 자리에서 내쫓았단다. 이를 '위화도 회군'이라고 해.

위화도는 압록강 하류에 있는 섬으로, 이곳을 건너면 바로 중국 땅이야.

▲ **위화도 위치와 이성계의 이동 경로** '회군'은 군사를 돌이켜 돌아가거나 돌아온다는 뜻이야.

권력을 휘어잡은 이성계는 허수아비 왕을 세워 자기 뜻대로 움직이면서, 백성의 마음을 얻을 수 있는 개혁을 먼저 진행했지. 이성계와 신진 사대부가 가장 많이 신경 쓴 개혁은 토지 개혁이야.

당시 권문세족은 넓은 땅을 차지한 반면에 백성들은 송곳 꽂을 만한 땅도 없었거든. 이성계와 신진 사대부는 이전의 토지 문서를 모두 불살라 권문세족의 대토지 소유를 없던 것으로 만들고, '과전법'을 시행했어. 과전법은 관리가 직접 세금을 걷는 토지 제도야. 세금을 지나치게 걷는 것을 막아 백성의 삶을 나아지게 만들지. 동시에 권문세족의 힘은 떨어뜨리고 신진 사대부의 힘은 키울 수 있었어. 세금 부담이 줄어든 백성들은 과전법을 적극 지지했지.

그런데 한 가지 문제가 생겼어. 신진 사대부의 의견이 두 편으로 나뉜 거야. 고려를 무너뜨리고 새로운 나라를 만들자는 세력과 고려는 그대로 유지하면서 잘못된 부분만 고치자는 세력으로 말이야. 새로운 나라를 만드는 데 앞장선 인물은 정도전이고, 고려를 그대로 유지하려는 입장의 대표는 정몽주였어.

정도전은 새로운 나라를 함께 세우자며 정몽주를 설득했지만 번번이 실패했어. 이성계의 아들 이방원까지 나섰지만 고려의 충신 정몽

科 품등 **과**
田 밭 **전**
法 법 **법**

주의 마음은 흔들리지 않았지. 그러자 이방원은 신하를 시켜 정몽주를 죽이고 말아. 정몽주의 죽음으로 이성계를 반대하는 세력은 뿔뿔이 흩어졌지.

1392년 이성계는 마침내 왕위를 물려받고 나라 이름을 '조선'으로 바꾸었어. 새로운 나라가 탄생한 거야. 이성계는 조선을 '단군이 세운 고조선을 잇는 나라'라고 말했어. 민족의 뿌리를 내세워 자긍심을 세우려고 한 거지. 또한 이성계는 백성을 달래기 위해 조선은 고려를 이은 나라이며, 왕의 성이 '왕가'에서 '이가'로 바뀐 것뿐이라고 말했어.

그런데 조선은 정말 고려를 잇는 나라였을까? 그건 아니야. 불교를 나라의 근본으로 삼은 고려와 달리 조선은 성리학으로 나라를 다스렸거든. 게다가 대대로 높은 관리의 자식들이 관직을 차지했던 고려와 달리 조선은 과거 시험을 통해 실력을 인정받은 관리가 나라를 이끌었단다.

태조 이성계 어진

어진 왕의 얼굴을 그린 그림이나 사진

성리학은 어떤 학문이에요?

유교를 더 깊게 연구한 학문이란다.

유교의 나라 조선은 어떤 모습일지 궁금해요.

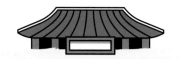

핵심 콕콕 역사 퀴즈

○ 다음은 고려 말에 활약한 인물에 대한 설명입니다. 빈칸에 들어갈 알맞은 낱말을 보기 에서 골라 쓰고, 설명에 맞는 인물을 찾아 서로 연결해 보세요.

보기
| 고려 | 신진 사대부 | 권문세족 | 요동 | 무인 세력 | 이방원 |

(1) 나는 고려에서 대대로 관리를 지낸

(으)로, 홍건적과 왜구로부터 고려를 지키는 데 앞장섰어. ≫

● **최영**

(2) 나는   의 개혁은 원했지만,

새로운 나라를 세우는 데는 반대했어. ≫

(3) 나는 성리학을 배운   (으)로

새로운 나라를 세우는 데 앞장섰어. ≫

● **정몽주**

(4) 내가 새로운 나라를 세우는 데 반대하자

              이/가 나를 죽였어. ≫

● **정도전**

(5) 나는 홍건적과 왜구를 무찌르며

새롭게 등장한   (이)야. ≫

● **이성계**

(6) 나는 우왕을 설득해   을/를

정벌하자고 주장했어. ≫

서술·논술 완벽 대비

❶ 다음 지도를 보고, '위화도'의 지리적 의미와 역사적 의미를 설명해 보세요.

이곳은 지리적으로 중요해.

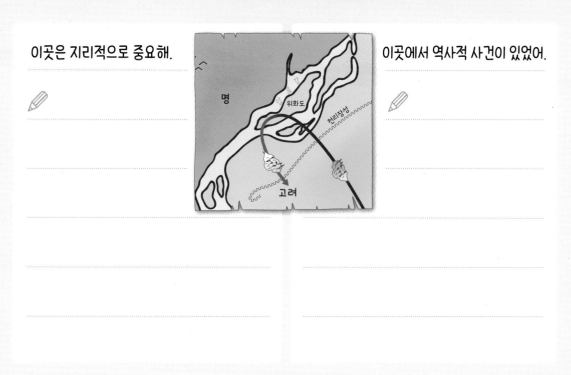

이곳에서 역사적 사건이 있었어.

❷ 자신이 고려의 관리라면, 고려를 멸망시키고 새로운 나라를 세우는 데 찬성할까요, 반대할까요? 다음 설명을 읽고 자신의 생각을 써 보세요.

찬성한다

고려를 멸망시키고 새로운 나라를 세워야 한다. 잘못을 고치려면 새로운 사상과 제도가 필요하므로 고려를 그대로 둘 수 없다.

반대한다

고려를 그대로 두고 잘못된 점만 바로 고치면 된다. 오랜 역사를 가진 고려를 멸망시키면 백성들이 큰 혼란에 빠질 수 있다.

새로운 도읍, 한양

조선의 왕이 된 이성계는 어떤 일을 가장 먼저 했을까?

저라면 멋진 궁궐을 지을 거예요.

맞아요! 궁궐도 짓고 조선의 건국을 축하하는 잔치도 열고.

이성계는 조선의 모습과 분위기를 새롭게 하려고 수도를 한양으로 옮겼단다. 사실 개경에는 여전히 조선 건국을 반대하는 사람이 많아서 나랏일을 하기가 어려웠거든. 개경에 땅과 재산이 많은 신하들은 수도를 옮기는 것에 반대했지만 2년 뒤, 조선의 새로운 수도는 결국 한양으로 결정되었어.

한양은 고려 시대에도 중요하게 여긴 곳이야. 한반도 중심에 자리한 데다 한강이 가까이 있어서 유리한 점이 많았거든. 또, 강을 끼고 있어서 물을 쉽게 구할 수 있고 물길을 이용하면 교통이 편했어. 그리고 수많은 산이 한양을 둘러싸고 있어서 적이 쉽게 침입하지 못할 뿐만 아니라 주변에 넓은 평야가 많아서 식량을 구하기에도 쉬웠지.

수도를 옮기는 일은 정도전이 맡았어. 정도전은 유교적 질서에 따라 나라를 다스리고 싶어 했어. 임금은 충성스러운 신하를 뽑고, 신하는 바른 정치를 펼치며, 백성은 맡은 일에 최선을 다하는 나라 말이야. 그래서 한양을 설계할 때 유교 정신에 따랐지.

한양 '서울'의 옛 이름으로 고려 시대에는 남경으로 불렀어. '남경'은 남쪽의 수도라는 뜻이야.

정도전은 제일 먼저 왕이 머무는 궁궐을 설계하고, '경복궁'이라고 이름을 붙였어. 경복은 왕이 큰 복으로 나라를 잘 다스려서 백성이 잘 산다는 뜻이야. 경복궁을 중심으로 볼 때 왼쪽에는 종묘를, 오른쪽에는 사직단을 세웠어. '종묘'는 조선 시대 왕과 왕비의 위패를 모시고 제사를 지내는 곳이고, '사직단'은 토지의 신과 곡식의 신에게 제사를 지내는 곳이야. 종묘와 사직단을 보면, 조선이 효를 다해 조상을 섬기고 농사를 나라의 근본으로 삼았다는 사실을 알 수 있지. 또 도성 주변에 성곽을 쌓고 동서남북으로 사대문도 만들어 드나들도록 했어.

종묘 역대 임금과 왕비의 위패를 모시던 사당이야.

사직단 이곳에서 하늘에 제사를 지내며 농사가 잘되기를 빌었어.

▼ 한양 도성

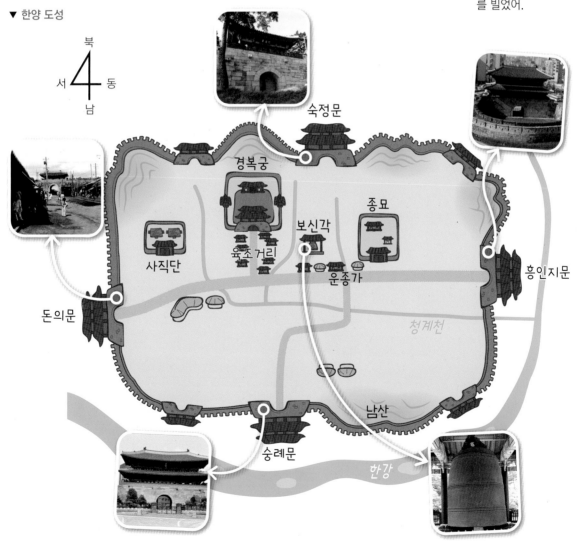

정도전은 경복궁 아래로 길게 '육조 거리'를 닦고 길옆으로 관청들을 세웠어. 육조는 조선 시대 왕을 도와 나랏일을 하던 이조, 호조, 예조, 병조, 형조, 공조를 이르는 말이지. 경복궁을 가로지르는 곳에 육조 거리를 만든 이유는 관리들이 궁궐에 쉽게 드나들며 왕과 좋은 정치를 펼쳤으면 하는 마음을 담은 거야. 육조 거리 밑으로는 '운종가'를 만들었어. 큰 시장이 늘어선 거리인데, 상인과 백성이 시장 거리를 오가며 물건을 사고팔 수 있도록 했지.

雲 구름 운
從 좇을 종
街 거리 가
많은 사람이 구름같이 모였다 흩어지는 거리라는 뜻

정도전은 사대문의 이름에도 유교에서 강조하는 덕목을 넣었어. '인의예지신'이 바로 그거야. 동대문의 이름은 '흥인지문'으로 인자함을 넓게 펼친다는 뜻이고, 서대문의 이름은 '돈의문'으로 의를 돈독하게 한다는 뜻이야. 남대문 이름은 '숭례문'으로 예를 높인다는 뜻이지. 북대문은 처음에 지혜를 밝힌다는 뜻의 '소지문'이었는데 나중에 엄숙하게 다스린다는 뜻의 '숙정문'으로 이름이 바뀌었어. 북대문은 사람들

의 출입을 위해 만든 게 아니라, 비상시에 사용하기 위해 만든 문이었 거든. 그 뒤 한양은 500년 동안 조선의 정치, 경제, 문화의 중심지가 되었단다.

仁	어질	인
義	옳을	의
禮	예절	예
智	지혜	지
信	믿을	신

흥인지문

仁 인

돈의문

義 의

숭례문

禮 예

숙정문

智 지

사대문 이름에도 유교가 깃들었다니! 조선은 유교의 나라라고 해도 되겠는데요.

仁義禮智 인의예지

근데 '신(信)'은 어디 있어요?

사대문의 가운데! 커다란 종을 매달아 놓은 '보신각'에 있지. 보신각은 한양 도성의 문을 여닫는 시각을 알려 줬어.

信 신

보신각

핵심 콕콕 역사 퀴즈

○ 다음은 조선의 수도 한양에 대한 설명입니다. 내용과 알맞은 곳을 그림에서 찾아 번호를 써 보세요.

(1) 이곳은 왕이 머무는 궁궐이다.

(2) 이곳은 관청들이 들어서 있는 거리다.

(3) 이곳은 유교의 덕목 '예'를 이름에 넣은 남대문이다.

(4) 이곳은 큰 시장이 늘어선 거리다.

(5) 이곳에 종을 매달아 놓고 시각을 알려 주었다.

(6) 이곳은 조선 시대 왕과 왕비의 위패를 모시고 제사를 지내는 곳이다.

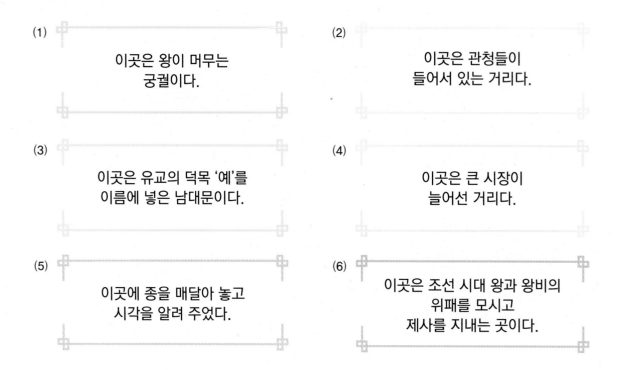
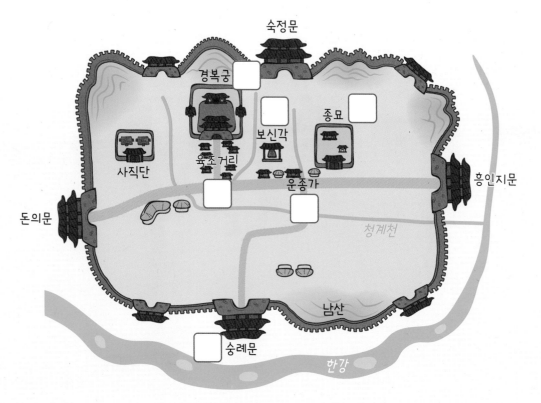

서술·논술 완벽 대비

❶ 이성계는 조선을 세운 뒤 수도를 개성에서 한양으로 옮깁니다. 한양이 수도로써 적합한 이유를 써 보세요.

▶ 한강이 흘러서

▶ 한반도의 중심에 위치해 있어서

▶ 산으로 둘러싸여 있어서

▶ 넓은 평야가 있어서

❷ 경복궁을 중심으로 좌우에는 종묘와 사직단이 있습니다. 종묘와 사직단을 통해 알 수 있는 점을 써 보세요.

종묘

사직단

국가의 기틀을 다진 태종

정도전은 조선이 오래도록 발전하려면 실력 있는 신하가 마음껏 능력을 펼칠 수 있어야 한다고 생각했어. 그래서 이성계의 막내아들인 이방석이 다음 왕이 되어야 한다고 말했지. 이방석의 교육을 담당했던 정도전은 이방석이 신하의 편에 서는 왕이 될 거라고 생각했거든. 이 소문은 태조의 다섯째 아들인 이방원의 귀에 들어갔어. 정몽주를 죽이고 이성계의 조선 건국을 도운 이방원은 자기를 제치고 어린 동생이 왕이 되는 것을 두고 볼 수만은 없었어. 더구나 정도전이 사병을 없애려고 해서 이방원은 더욱 화가 났지. 이방원이 거느린 사병 수가 어마어마했거든. 결국 이방원은 정도전을 죽이고 동생 이방석을 귀양 보냈어. 이것을 '1차 왕자의 난'이라고 해.

이 사실을 안 이성계는 몹시 화가 나서 왕의 자리를 둘째 아들 이방과에게 물려주고 고향으로 떠나 버렸어. 이방과는 왕의 자리에 올랐지만 힘이 없어서 하는 일마다 동생인 이방원의 눈치를 보았지.

그러던 어느 날, 이성계의 넷째 아들 이방간은 이방원이 자신을 죽이려 한다는 거짓 소문을 들었어. 이방간은 화가 나서 군대를 이끌고

私 사사로울 **사**
兵 군사 **병**
권력을 가진 개인이 필요에 의해 기른 병사

귀양 죄인을 먼 시골이나 섬으로 보내어 일정한 기간 동안 제한된 곳에서만 살게 하는 형벌

이방원에게 쳐들어갔는데, 이 사실을 미리 안 이방원이 오히려 이방간을 공격했지 뭐야. 이방간의 군사들은 제대로 힘도 써 보지 못하고 뿔뿔이 흩어졌고, 이방간은 도망치다가 붙잡혔어. 이것을 '2차 왕자의 난'이라고 해. 이방과는 이방원이 두 번이나 형제를 내쫓는 모습을 보고 덜컥 겁이 났어. 그래서 스스로 왕의 자리를 이방원에게 물려주었지. 그렇게 이방원은 조선의 제3대 왕 태종이 되었어.

형제끼리 싸우다니 왕의 자리를 차지하려면 피도 눈물도 없어야 하나 봐요.

이방원이 꿈꾼 조선은 정도전이 생각한 것과 달라서 함께하기가 어려웠거든.

왕관을 쓰려는 자, 그 무게를 견뎌라~!

에헴

태종은 조선의 기틀을 만들기 위해 애썼어. 사병을 없애서 왕권을 위협하는 세력을 약화시키고 이전에 개경으로 옮겼던 수도를 다시 한양으로 옮겼지.

태종은 왕의 권력이 커져야 나라의 힘이 강해진다고 믿었어. 그래서 육조의 관리가 직접 왕에게 나랏일을 보고하고, 왕의 명령을 실행하도록 권한을 강화시켰어. 육조는 나랏일을 맡아 처리하는 곳인데 왕에게 보고하려면 의정부를 거쳐야 했지. 의정부에서 육조의 보고를 검토한 뒤에 왕에게 보고했는데, 이 과정을 없애 버린 거야.

의정부 조선 최고의 정부 기관

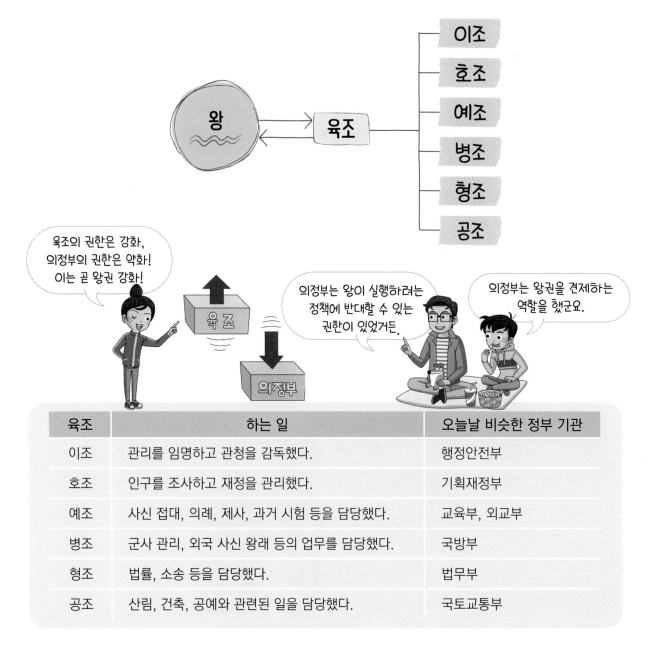

육조	하는 일	오늘날 비슷한 정부 기관
이조	관리를 임명하고 관청을 감독했다.	행정안전부
호조	인구를 조사하고 재정을 관리했다.	기획재정부
예조	사신 접대, 의례, 제사, 과거 시험 등을 담당했다.	교육부, 외교부
병조	군사 관리, 외국 사신 왕래 등의 업무를 담당했다.	국방부
형조	법률, 소송 등을 담당했다.	법무부
공조	산림, 건축, 공예와 관련된 일을 담당했다.	국토교통부

태종은 전국 16세 이상의 양인 남자라면 누구나 호패를 가지고 다니도록 하는 '호패법'도 만들었어. 호패란 지금의 주민등록증과 비슷한 거야. 호패법 덕분에 나라의 신분 질서가 바로 세워졌어. 백성의 수를 파악해서 세금도 걷고, 나라가 위급할 때는 필요한 사람을 뽑아 군대를 꾸리기도 했거든.

양인 조선 시대 천민을 제외한 모든 사람을 이르는 말

태종은 백성의 목소리에도 귀를 기울였단다. '신문고'라는 북을 설치해서 억울한 일을 당한 백성들이 북을 쳐 왕에게 알릴 수 있도록 했지. 이 밖에 태종은 전국을 8도로 나누고 그 아래에 군현을 두어 관찰사를 보냈어. 팔도는 함경도, 평안도, 황해도, 강원도, 경기도, 충청도, 경상도, 전라도를 말해. 그리고 활자를 만드는 관청인 '주자소'를 만들어 좋은 책들을 만들 수 있는 기초를 다졌단다.

관찰사 조선 시대 지방 행정의 최고 책임자

▲ 호패

◀ 이근오 호패 이근오라는 사람이 경진년에 태어나서 경술년에 문과에 급제했고, 호패를 경술년에 만들었다고 적혀 있어.

나라의 기틀이 마련됐으니 다음 왕은 편했겠어요.

태종 다음 왕은 태평성대를 이루지.

저 알아요! 태종의 셋째 아들이 왕이 되잖아요.

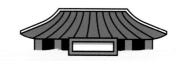

핵심 콕콕 역사 퀴즈

○ 다음은 태종이 나라를 잘 다스리기 위해 고민한 내용입니다. 고민을 해결하기 위해 태종은 어떤 정책을 펼쳤을까요? 보기 에서 찾아 써 보세요.

보기
신문고   사병   육조   호패법   주자소

왕권을 위협하는 세력을 약화시켜야겠다.

(1) _____ 을/를 없앴다.

좋은 책을 많이 만들어서
백성들에게 나눠 주면 좋을 텐데….

(2) 활자를 만드는 관청인 _____ 을/를 만들었다.

의정부를 통해서 보고를 받으니까
왕의 명령이 잘 전달되지 않는구나.

(3) _____ 의 관리가 직접 왕에게 보고하도록 했다.

백성들의 수를 잘 파악해서 세금을 정확하게
걷고 싶은데 좋은 방법이 없을까?

(4) _____ 을/를 만들었다.

억울한 일을 당한 백성들이 없어야 할 텐데…
억울함을 알릴 방법이 필요하겠구나.

(5) _____ 을/를 설치했다.

서술 · 논술 완벽 대비

❶ 다음 힌트를 보고 이방원이 1차, 2차 왕자의 난을 일으킨 이유를 써 보세요.

> **힌트** 세자, 사병, 왕권

❷ 태종은 어떤 왕인 것 같나요? 태종에 대한 자신의 생각을 써 보세요.

"태종은 조선의 기틀을 마련한 왕이다."

"태종은 왕권을 위협하는 세력을 희생시킨 왕이다."

성군으로 불린 임금, 세종

대군 왕비가 낳은 아들에게 주는 지위

태종은 첫째 아들인 양녕대군을 세자로 삼았어. 그런데 양녕은 왕이 되는 데는 통 관심이 없었어. 공부를 게을리하며 궁 밖으로 나가서 놀다 오기 일쑤였지. 태종은 양녕에 대한 나쁜 소문을 들을 때마다 화가 났어. 결국 양녕을 대신해 다른 아들을 세자로 삼기로 했지. 가만히 들여다보니 둘째인 효령대군은 불교에 깊이 빠져서 자꾸 절을 찾아다녔지만 셋째인 충녕대군은 남달랐어. 어릴 때부터 어질고 책과 학문을 좋아해 똑똑했지. 충녕은 책을 너무 좋아해서 밤새워 책을 읽곤 했대. 태종이 충녕의 건강을 걱정하며 책을 모두 치우게 한 일도 있었다니까.

태종은 조선의 미래를 위해 양녕대군 대신 충녕대군을 세자로 다시 올렸어. 태종은 충녕이 훌륭한 왕이 되리라 믿었지. 충녕은 어릴 적부터 어질고 지혜로워서 칭찬이 자자했으니까. 그래서 태종은 일찌감치 왕의 자리를 충녕에게 물려주었어. 조선의 제4대 왕 세종이 탄생한 거야.

그래도 태종은 군대의 지휘권만큼은 내려놓지 않았어. 당시 남쪽 지방에 왜구가 들끓어서 나라가 혼란스러웠거든. 태종은 이종무를 왜구의 소굴인 쓰시마섬으로 보내 왜구를 없애라는 특명을 내렸어. 쓰시마섬은 우리나라와 일본 사이에 있는 섬이야. 부산에서 약 50킬로미터쯤 떨어져 있는 곳으로 우리나라와 가까워. 고려 말부터 한반도에 들어와서 약탈을 일삼던 왜구는 쓰시마섬을 근거지로 삼고 자꾸 못살게 굴었지. 얼마 뒤 이종무는 왜구를 모두 무찔렀다는 소식을 전했어. 드디어 조선에 평화가 찾아온 거야.

집현전 고려 시대부터
궁중에 있었던 학문 연
구 기관

경연 왕과 신하들이 학
문을 배우는 제도로, 수
업이 끝나면 나랏일을
의논하거나 서로 토론
함

실록 왕위에 있었던 기
간 동안의 일을 적은 기
록

　　세종은 나라의 미래를 위해 학문 연구에 힘을 쏟기로 했어. 그래서 집현전이 학문 연구 기관의 기능을 다할 수 있도록 인재를 많이 모으고, 여러 분야의 책을 들여왔어. 그 결과 집현전에서는 역사, 지리, 천문 등 다양한 분야에서 수많은 책을 펴냈고 여러 연구 결과를 내놓게 돼. 또, 세종은 경연을 중요하게 생각했어. 경연에서 왕은 신하들과 학문을 논하고 나라를 어떻게 이끌어 갈지 논의했어. 《세종실록》에 경연과 관련된 내용이 약 2천 건이나 나오는 걸 보면 세종이 경연에 힘쓴 걸 잘 알 수 있지.

세 번뿐만 아니라, 수시로 열 수도 있었지.

경연은 아침, 점심, 저녁, 하루 세 번 열었나요?

조선 시대 왕은 공부를 많이 했구나.

여진

6진

4군

두만강

백두산

세종 때 국경선

압록강

고려 초기 국경선

통일 신라 국경선

한양

조선

세종은 나라의 영토를 지키는 일도 게을리하지 않았어. 세종이 왕위에 오른 지 14년이 되었을 때 북쪽에서 여진족이 국경을 침범해서 조선 백성을 괴롭혔어. 그러자 세종은 최윤덕을 보내 여진족을 몰아내고 압록강 근처에 4군을 설치했지. 두만강 근처에는 김종서를 보내 여진족을 몰아내고 6진을 세웠어. 성을 쌓고 적의 침입에 방어할 수 있는 군사 기지를 만든 거야.

四 넉 **사**
郡 고을 **군**

六 여섯 **육**
鎭 진압할 **진**

세종은 4군 6진을 설치한 곳에 백성들을 옮겨 살도록 해서 우리나라 땅이라는 것을 알렸어. 세종의 노력으로 조선의 영토가 북쪽으로 더 넓어진 거야. 이때의 국경이 오늘날까지 이어져 한반도의 국경이 된 거란다.

《북관유적도첩》에 실린 〈야연사준도〉 김종서가 6진을 개척한 뒤 잔치를 벌이는 모습을 그린 그림이야. 잔치 중에 화살이 날아와 술병에 꽂혔는데 김종서는 침착했다는 이야기가 그림에 나타나 있어.

핵심 콕콕 역사 퀴즈

⊙ 다음 세종과 관련된 내용이 맞으면 ○표, 틀리면 ✕표 해 보세요.

(1)

세종은 조선의 제4대 왕이다.

○ ✕

(2)

집현전은 세종 때 처음 만들었다.

○ ✕

(3)

집현전은 군사를 지휘하는 곳이다.

○ ✕

(4)

세종은 경연을
중요하게 생각했다.

○ ✕

(5)

세종은 신하들과 정치에 대해
이야기하는 것을 좋아했다.

○ ✕

(6)

세종은 4군 6진을 설치했다.

○ ✕

(7)

세종은 4군 6진이 위험해서
백성들이 살지 못하게 했다.

○ ✕

(8)

세종 때 정한 국경이
오늘날까지 이어졌다.

○ ✕

서술·논술 완벽 대비

○ 다음은 가상의 경연 주제입니다. 세종과 신하들이 다음 주제에 대해 어떤 이야기를 나누었을지 상상하여 써 보세요.

북쪽에서 여진족이 우리 국경을 침범하여

식량을 빼앗고 백성들을 못살게 구니

이 문제를 어찌하면 좋을지 이야기해 보시오.

좌의정

우의정

세종

조선의 발전을 위해 학문을 연구하고

인재를 기를 수 있는 좋은 방법을 이야기해 보시오.

좌의정

우의정

세종

백성을 위한 정책을 펼치다

세종의 업적 중에서 가장 손꼽는 건 뭐가 있을까?

에이~ 말해 뭐해요. 당연히 한글 창제죠!

그리고 과학 기술 발전이요!

세종은 백성의 삶에 관심이 많은 왕이었어. 아마도 이러한 마음이 한글 창제와 과학 기술의 발전이라는 업적을 이뤄 낸 게 아닐까. 이때 백성들은 배우지 못해서 억울한 일을 당해도 무엇을, 어떻게 해야 하는지 몰랐거든.

세종은 3번 재판을 받을 수 있는 '삼심 제도'를 처음 만들었어. 이 법은 판결을 받아들이기 어려울 때 재판을 3번 받을 수 있는 오늘날의 권리와 비슷한 거야.

세종은 백성이 아파도 치료받지 못하는 게 안타까웠어. 그래서 학자들에게 옛날 책과 백성들 사이에 전해지는 치료 방법을 연구하게 해서 《향약집성방》이라는 의약 책을 펴냈어. 우리 풍토에 맞는 처방법과 우리 땅에서 나는 약재로 백성들이 치료받을 수 있도록 한 거지.

鄕	시골	향
藥	약	약
集	모을	집
成	이룰	성
方	모	방

'향약'은 우리 고장에서 생산되는 약재를 말해.

《향약집성방》

    세종은 농민들과 어려움을 함께하려고 했어. 그래서 궁궐 안에 작은 밭을 만들어서 농사를 지었지. 세종은 농민처럼 땅을 일구고 물과 비료를 정성스레 주었어. 흙투성이가 된 세종을 지켜보는 신하들은 몸 둘 바를 몰랐겠지.

    한편, 세종은 백성이 유교를 근본으로 삼아 어질게 살기를 바랐어. 그래서 고려 때부터 있던 효자 이야기를 정리해서 《효행록》을 편찬했지. 그러던 어느 날, 아들이 아버지를 죽인 사건이 발생했지 뭐야. 세종은 이를 계기로 백성에게 유교를 제대로 가르치기로 결심했어. 그래서 우리나라와 중국의 책에서 모범이 될 만한 충성스러운 신하와 효자의 이야기를 모아 《삼강행실도》를 펴냈어. 《삼강행실도》는 글과 함께 그림도 실려 있어서 글을 모르는 백성도 내용을 알 수 있었지.

《삼강행실도》 '삼강'은 임금과 신하, 부모와 자식, 남편과 아내 사이에 지켜야 할 세 가지 도리를 말해.

또, 세종은 신하를 아낄 줄 아는 왕이었어. 어느 늦은 밤, 세종은 집현전에 불빛이 환히 켜져 있는 것을 보았어. 까닭을 알아보니 신숙주라는 집현전 학사가 늦게까지 책을 읽다가 잠이 든 거야. 세종은 밤낮없이 일하는 신숙주가 가엾고 미안했어. 그래서 자신의 겉옷을 벗어 신숙주에게 덮어 주라고 명했지. 다음 날, 이 사실을 안 신숙주는 황공해서 어쩔 줄 몰랐단다. 그 시대에는 임금의 옷을 입는다는 건 상상도 못할 일이었거든.

학사 문신 중에서 뛰어난 학자들을 뽑아 왕의 측근에서 일하는 관직

조선은 농사를 근본으로 삼았기 때문에 대다수의 백성이 농사를 짓고 살았어. 농민들은 농사를 지어 해마다 곡식을 세금으로 냈는데 문제는 관리에 따라 세금을 다르게 걷는다는 거야. 세종은 이 사실을 알고 세금을 공평하게 걷을 방법을 궁리했어. 그렇게 '공법'이라는 세금 제도가 탄생해. 토지를 기름지고 척박한 정도에 따라 6등급으로 나누고, 풍년과 흉년 정도에 따라 9등급으로 나누어 세금을 내게 한 거야. 이 법이 발표되자 억울하게 세금을 내던 백성은 환영했지만, 반대로 부정을 저질렀던 관리들은 울상이었지.

貢 바칠 공
法 법 법
조선 전기 토지에 대한 세금 제도

세종은 여기에 만족할 수 없었어. 더 많은 백성과 관리에게 의견을 묻고 싶었지. 공법에 찬성하는지 반대하는지 말이야. 그래야 부족한 점을 살펴서 보충할 수 있으니까. 세종은 좋은 제도도 백성의 생활에 도움이 되지 않는다면 소용없다고 생각했거든.

세종은 한양의 지체 높은 양반부터 산속의 농부에 이르기까지 전국의 17만여 명의 백성에게 공법에 대한 의견을 물었어. 지금으로 따지면 여론 조사를 펼친 거야. 이렇게 많은 백성의 의견을 조사하느라 무려 14년이 걸렸어. 결국 절반 이상의 백성이 찬성했고, 공법을 실시하기로 했지. 이후 백성은 토지의 등급에 따라 공평하게 세금을 냈어. 또한, 지방별로 순서를 나누어 차례대로 실시해서 부작용이 없도록 했단다. 어때, 억울하게 세금을 내는 농민이 없기를 바라는 세종의 마음이 느껴지니?

핵심 콕콕 역사 퀴즈

◯ 다음은 세종이 백성을 위해 고민한 내용입니다. 고민을 해결하기 위해 세종은 어떤 정책을 펼쳤나요? 보기 에서 골라 알맞은 낱말을 빈칸에 써 보세요.

보기
| 향약집성방 | 공법 | 삼심 제도 | 삼강행실도 |

재판이 잘못되어서 백성들이 억울한 일을 당하면 어떻게 하지?

우리 풍토에 맞는 처방법과 우리 땅에서 나는 약재로 병을 치료할 수 있어야 해.

(1) 3번 재판을 받을 수 있는

_____ 을/를 만들었다.

(2) _____ (이)라는

의약 책을 펴냈다.

백성들이 유교를 바르게 알아서 어질게 살아야 할 텐데, 좋은 방법이 없을까?

관리가 마음대로 세금을 걷으면 안 되지, 게다가 흉년에도 똑같은 세금을 거두면 안 되고.

(3) 충성스러운 신하와 효자의 이야기를

담은 _____ 을/를

펴냈다.

(4) _____ (이)라는

세금 제도를 만들었다.

서술·논술 완벽 대비

❶ 자신이 조선의 백성이라고 상상하며 공법 제도를 찬성하는지 반대하는지 묻는 여론 조사에 답해 보세요.

> 공법은 토지를 기름지고 척박한 정도에 따라 6등급으로 나누고,
> 풍년과 흉년 정도에 따라 9등급으로 나누어 세금을 걷는 제도입니다.
> 조선의 새로운 세금 제도, 공법에 찬성하나요?

❷ 다음은 신숙주의 가상 일기입니다. 일기를 끝까지 써서 완성해 보세요.

> 늦게까지 공부하다가 깜빡 잠이 들었다.
>
> 그런데 뭔가 따뜻한 게 몸을 감싸고 있었다.
>
> 이럴 수가…! 이건 임금님의 용포가 아닌가!

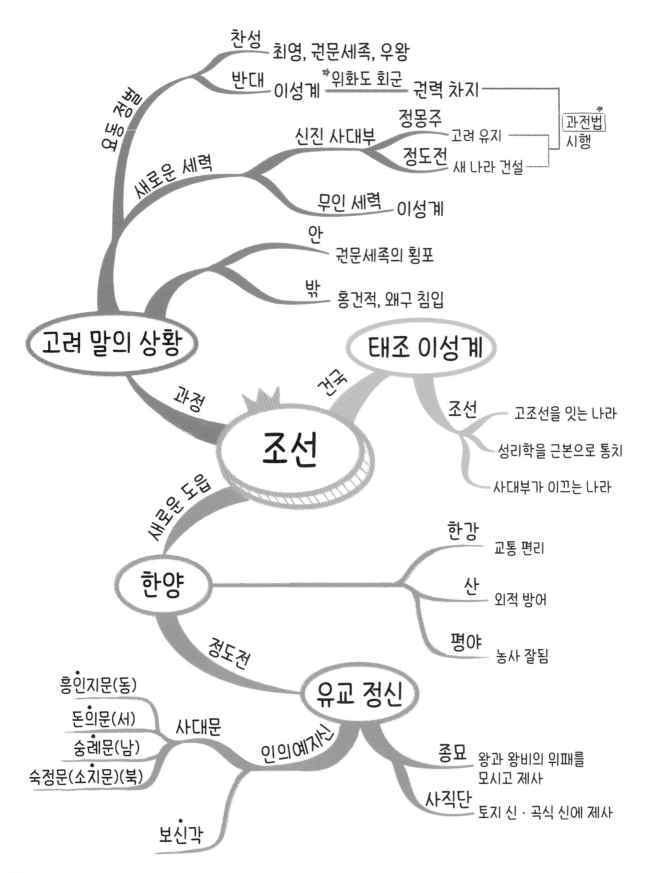

고려 말의 상황

영향력 약화 — 찬성 — 최영, 권문세족, 우왕
영향력 약화 — 반대 — 이성계 — *위화도 회군 — 권력 차지

새로운 세력 — 신진 사대부 — 정몽주 — 고려 유지
새로운 세력 — 신진 사대부 — 정도전 — 새 나라 건설 — *과전법 시행

새로운 세력 — 무인 세력 — 이성계

안 — 권문세족의 횡포
밖 — 홍건적, 왜구 침입

고려 말의 상황 — 과정 — 조선 — 건국 — 태조 이성계

태조 이성계 — 조선 — 고조선을 잇는 나라
성리학을 근본으로 통치
사대부가 이끄는 나라

조선 — 새로운 도읍 — 한양 — 한강 — 교통 편리
산 — 외적 방어
평야 — 농사 잘됨

한양 — 정도전 — 유교 정신

유교 정신 — 종묘 — 왕과 왕비의 위패를 모시고 제사
사직단 — 토지 신·곡식 신에 제사

유교 정신 — 인의예지신 — 사대문 — 흥인지문(동)
돈의문(서)
숭례문(남)
숙정문(소지문)(북)

보신각

42

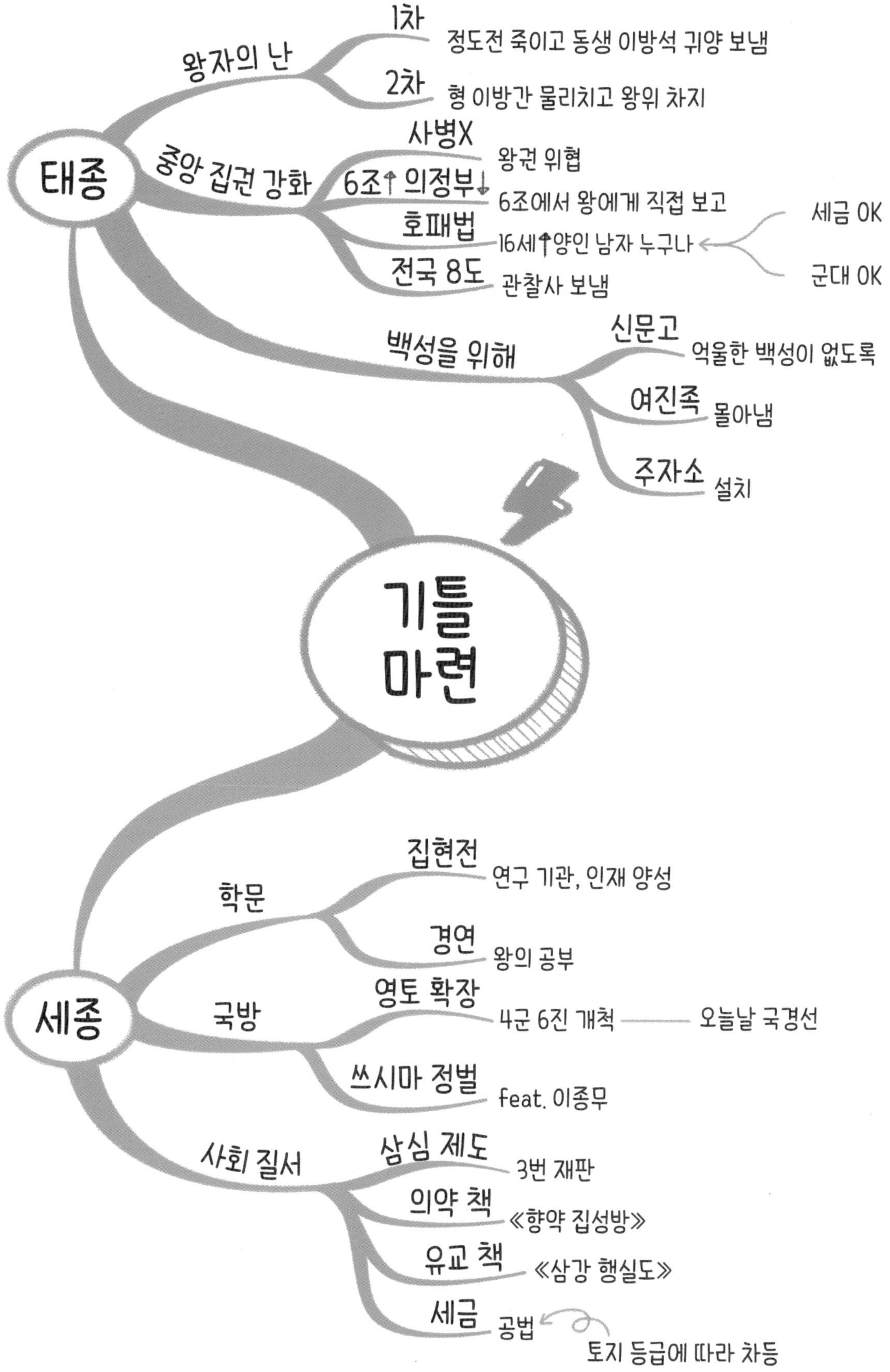

태종

왕자의 난
- 1차 — 정도전 죽이고 동생 이방석 귀양 보냄
- 2차 — 형 이방간 물리치고 왕위 차지

중앙 집권 강화
- 사병X — 왕권 위협
- 6조↑의정부↓ — 6조에서 왕에게 직접 보고
- 호패법 — 16세↑양인 남자 누구나 → 세금 OK / 군대 OK
- 전국 8도 — 관찰사 보냄

백성을 위해
- 신문고 — 억울한 백성이 없도록
- 여진족 — 몰아냄
- 주자소 — 설치

기틀 마련

세종

학문
- 집현전 — 연구 기관, 인재 양성
- 경연 — 왕의 공부

국방
- 영토 확장 — 4군 6진 개척 ── 오늘날 국경선
- 쓰시마 정벌 — feat. 이종무

사회 질서
- 삼심 제도 — 3번 재판
- 의약 책 — 《향약 집성방》
- 유교 책 — 《삼강 행실도》
- 세금 — 공법 — 토지 등급에 따라 차등

○ 다음 중 한 명을 골라 뇌 지도를 만들어 보세요.

태조

태종

세종

_____ 의 머릿속

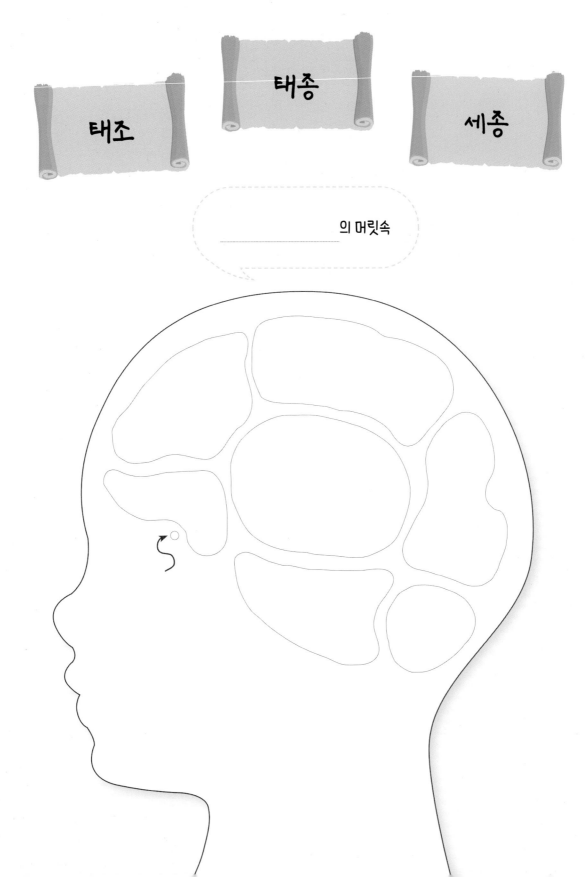

44

○ 집현전 학사들이 공부를 잘할 수 있도록 시간표를 만들어 보세요. 어떤 공부를 얼마큼 하면 좋을지 예시 를 참고해 써 보세요.

집현전 시간표

	월요일	화요일	수요일	목요일	금요일
1교시	예시 역사				
2교시	지리				
3교시	과학				
4교시	도덕				
5교시	한문				
6교시	경연				

◉ **1434년**	◉ **1441년**	◉ **1443년**	◉ **1446년**
자격루 제작	측우기 제작	훈민정음 창제	훈민정음 반포

2주

1453년

계유정난

1485년

《경국대전》 반포

조선 과학의 눈부신 발전

《농사직설》, 《칠정산》, 측우기, 혼천의, 앙부일구… 이들의 공통점이 뭔지 아니?

이름이 어렵다는 거요!

그리고 세종 때 만들어졌다는 거요!

깔깔

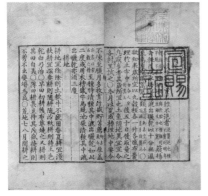

《농사직설》 정초가 쓴 서문에 '풍토가 다르면 농법도 다르다.'라고 쓰여 있어.

曆 책력 **역**
法 법 **법**
천체의 주기적 현상에 따라 시간을 구분하고, 날짜의 순서를 매겨 나가는 방법

그리고 또 하나, 바로 농사와 관련 있다는 거지. 조선은 농사가 나라의 근본인 나라였어. 그러니까 농사를 잘 짓는 게 중요했겠지? 그런데 조선은 중국에서 전해진 농사법을 그대로 따르고 있어서 문제가 많았단다. 조선과 중국은 땅의 성질과 기후가 달라서 중국의 방식은 조선에 맞지 않았거든. 세종은 '정초'라는 학자를 불러서 조선에 맞는 농사책을 만들라고 했어. 정초는 전국을 다니며 경험 많은 농사꾼에게 농사법을 들으며 연구한 끝에 각 지방의 농사법을 소개한 《농사직설》을 펴냈어.

또한, 역법도 중국을 따르다 보니 날짜가 맞지 않아 농사 때를 놓치는 경우가 있었지. 세종은 정인지, 이순지 등에게 우리 실정에 맞는 역법을 연구하게 했고, 마침내 《칠정산》을 완성했어.

《칠정산 내편》(왼쪽), 《칠정산 외편》(오른쪽) 칠정(七政)은 태양, 달, 화성, 수성, 목성, 금성, 토성을 이르는 말이야.

이제 우리나라의 절기와 계절의 변화를 예측할 수 있게 된 거야. 《칠정산》은 1년을 365.2425일, 1달을 29.530593일로 정하고 있어서 오늘날과 비교해 봐도 매우 정확하다는 걸 알 수 있지.

세종은 농사에 실제로 도움이 되는 관측기구도 만들려고 했어. 그래서 관노비였던 장영실을 관리로 삼고 명나라로 보내 천문 기술을 배워 오게 했지. 노비 신분으로 상상할 수 없는 일을 맡긴 거야. 세종의 믿음대로 장영실은 다양한 관측기구를 만들어 냈단다. 그럼 세종이 장영실을 비롯한 여러 학자들과 무엇을 만들었는지 하나씩 살펴볼까?

관노비 관아에 속한 노비

혼천의

별자리의 위치와 움직임으로 시간을 알 수 있는 관측기구야. 이 혼천의는 고종 때 만들어졌어.

앙부일구

그림자로 시각을 알려 주는 해시계야. '앙부'는 하늘을 우러르는 가마솥 같다는 뜻이야.

수표

자격루

▲ 강물의 높낮이를 재는 기구야.

▲ 항아리에 물을 떨어뜨려 일정한 양이 채워지면 스스로 종이 울려 시각을 알려 주는 물시계야. 해가 뜨지 않아도 시간을 알 수 있지.

자격루는 원래 이렇게 생긴 거군요.

물 항아리

물통

① 큰 항아리에서 흘러내려 간 물이 물통으로 들어가.
② 물통에 있는 물이 차면서 막대가 위로 떠올라 구슬을 떨어뜨려.
③ 구슬이 떨어지면서 자동으로 종이 울린단다.

작동 원리를 알려 주세요.

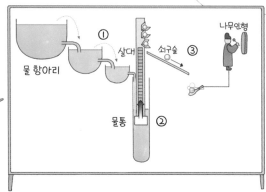

물 항아리

① 살대

쇠구슬 ③

나무인형

물통 ②

그러던 어느 해, 조선에 가뭄이 심하게 들었어. 이를 걱정한 세자 문종은 이후 비가 올 때마다 비의 양을 쟀지만, 측정 기준이 정확하지 않아 어려움을 겪었지. 문종은 비의 양을 정확히 재는 기구가 필요하다고 세종에게 제안했어. 세종은 문종의 말을 듣고 정확한 수치로 비의 양을 재는 장치인 측우기를 제작했지. 다른 나라보다 200년 앞선 일이었어.

세종 때에는 장영실뿐만 아니라 정초, 정인지, 이순지 등 과학 기술 발전에 애쓴 신하들이 많았단다. 세종과 신하들의 노력으로 조선의 과학은 눈부시게 발전했어.

측우기 비의 양을 재는 기구야.

1년 365일을 정확하게 계산한 ≪칠정산≫이 놀라워요.

조그마한 휴대용 앙부일구도 만들었어.

가지고 다니며 시간을 재기 좋겠네요.

핵심 콕콕 역사 퀴즈

❍ 다음은 세종 때 발명하거나 제작한 관측기구들입니다. 설명에 알맞은 것을 찾아 서로 연결하고 기구의 이름도 써 보세요.

(1)
별자리의 위치와 움직임으로
시간을 알 수 있다.

㉠

(2)
스스로 종이 울려
시각을 알려 주는 물시계다.

㉡

㉢

(3)
비의 양을 측정한다.

㉣

(4)
그림자로 시각을
알려 주는 해시계다.

㉤

(5)
강물의 높낮이를 측정한다.

서술·논술 완벽 대비

1 다음 대화를 읽고 세종이 《농사직설》을 편찬한 이유를 써 보세요.

 어떤 농작물을 심어야 할지 모르겠어.

중국의 농사법대로 씨를 뿌렸는데, 시기가 안 맞아서 농사를 망쳤어.

✏️

2 다음 대화를 읽고 세종이 《칠정산》을 편찬한 이유를 써 보세요.

 일식이 15분이나 늦다니, 이게 어찌 된 일인가?

죽여 주시옵소서, 전하. 중국과 우리나라의 위치가 달라 일식 시각을 정확히 예측하기 어렵사옵니다.

 그렇다면 당장 우리의 역법을 만들어야겠소.

✏️

널리 백성을 이롭게 하다

쌤~ 한글 창제 이야기는 언제 나와요?

한글이 과학적 원리에 따라 만들어졌다는 것도 설명해 주세요.

그래, 우리의 글자 훈민정음이 창제되는 순간으로 가 보자꾸나.

세종은 백성이 글자를 몰라서 어려움을 겪는 것이 안타까웠어. 그때는 우리말은 있었지만 우리 글자가 없어서 중국의 한자를 빌려 사용했거든. 하지만 우리말을 한자로 다 표현할 수 없고, 한자는 배우기도 어려워서 백성들이 사용하기 힘들었어. 그러다 보니 글자를 읽거나 쓰지 못하는 백성은 억울한 일을 당하는 일이 잦고, 어려움에 처해도 도움을 청하는 게 쉽지 않았단다. 세종은 백성들이 쉽게 쓰고, 우리말을 그대로 표현하는 글자가 필요하다고 생각했지.

세종은 우리 글자를 만들기 위해 밤낮없이 매달렸어. 우리말이 어떻게 소리가 되어 나오는지 목구멍과 입, 혀 등 소리가 나오는 기관을 연구했지. 그리고 소리가 나오는 기관의 모양을 본떠 글자를 만들었어. 목구멍과 입술, 혀의 모양을 본떠서 만든 글자가 바로 자음이야. 모음은 세상을 이루는 원리를 담아 표현했어. 세상은 하늘 아래, 땅 위에 사람이 모여 사는 곳이잖아. 바로 그 세상을 이루는 하늘, 땅, 사람의 모양을 본떠서 모음을 만든 거지.

1443년, 마침내 세종은 자음 17자, 모음 11자의 우리 글자 28자를 완성했어. 그리고 '훈민정음'이라는 이름을 붙였지. 훈민정음은 '백성을 가르치는 바른 소리'라는 뜻이야.

訓	가르칠	훈
民	백성	민
正	바를	정
音	소리	음

자음 창제 원리

소리 나는 발음 기관의 모양을 본떠서 만든 자음!

ㄱ – 혀뿌리가 목구멍을 막는 모양

ㄴ – 혀가 윗잇몸에 닿는 모양

ㅁ – 입술의 모양

ㅅ – 이의 모양

ㅇ 목구멍의 모양

ㄱ	→	ㅋ		
ㄴ	→	ㄷ	→	ㅌ
ㅁ	→	ㅂ	→	ㅍ
ㅅ	→	ㅈ	→	ㅊ
ㅇ	→	(ㆆ)	→	ㅎ

기본 글자에 획을 하나씩 더하면 다른 자음이 만들어져.

ㅣ	+	·	→	ㅏ
·	+	ㅣ	→	ㅓ
·	+	─	→	ㅗ
─	+	·	→	ㅜ

기본 글자를 서로 합하면 다른 모음이 만들어지고.

모음 창제 원리

하늘, 땅, 사람의 모양을 본떠서 만든 모음!

하늘 → ·   땅 → ─   사람 → ㅣ

세종은 자랑스러운 우리 글자 훈민정음을 널리 사용하도록 명했어. 그런데 신하들이 반대하지 뭐야. 조선은 성리학을 나라를 다스리는 근본으로 삼았다고 했지? 성리학은 명나라에서 받아들인 것이니 여러 학자들은 명나라의 학문뿐만 아니라 글자, 그림, 의학, 문화 등 다양한 분야에서도 명나라의 것을 최고로 여겼어. 그러니 우리 글자 훈민정음이 아니라 명나라의 문자인 한자를 써야 한다고 주장했지. 특히 '최만리'라는 학자는 훈민정음을 사용할 수 없는 이유를 조목조목 적어서 상소를 올렸어. 세종은 중국을 최고로 여기는 신하들에게 화가 났지만 신하들을 충분히 설득하고 훈민정음 사용법을 시험한 다음 백성에게 알리기로 했지.

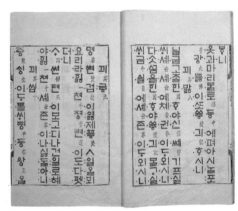

《월인천강지곡》 세종이 아내인 소헌왕후를 위해 지은 불교 찬가야.

《용비어천가》 조선 왕조의 건국 과정과 전해 내려오는 이야기 등을 담았어.

56

세종은 한글을 만든 까닭과 한글의 사용법을 간단하게 설명한 책을 지었어. 집현전 학사들을 불러서 훈민정음을 만든 원리와 사용법을 자세하게 설명하는 책을 만들게 했지. 또, 세종은 훈민정음을 사용하여 시를 짓는 등 훈민정음의 우수성을 다양한 방법으로 표현하기 위해 노력했단다. 어찌나 연구에 열중했던지 눈에 고름이 생겨서 뜨지 못할 정도였다니까. 마침내 세종은 훈민정음을 창제하고 3년이 지난 1446년에 훈민정음을 정식으로 백성에게 알렸어.

한자를 사용하는 양반들은 훈민정음이 상스럽고 부족한 글자라며 '언문'이라고 얕잡아 불렀지. 하지만 훈민정음은 누구나 쉽게 익힐 수 있고 자음과 모음을 합하면 어떤 소리도 표현할 수 있는 우수한 글자야.

언문 한글을 속되게 이르던 말

훈민정음은 세종이 새로 만든 글자를 뜻하기도 하지만, 1446년 펴낸 훈민정음의 해설서 이름이기도 해. 《훈민정음》 해례본이라고 부르는데 이 책의 서문에는 백성을 위하는 세종의 마음이 나타나 있어. 세종은 나라말이 중국 문자와 달라 서로 통하지 않아 어려움을 겪는 백성을 가엾게 여겨 글자를 만들었다고 서문에 밝혔어.

《훈민정음》 해례본 '해례'는 보기를 들어서 풀이한다는 뜻이야. 세종이 지은 서문과 훈민정음이 어떻게 만들어졌는지 해설이 담겨 있어.

훈민정음이 널리 쓰이기까지 200년이라는 세월이 더 흘러야 했지만, 훈민정음은 주로 양반집 여자들이 즐겨 쓰면서 백성들 사이로 퍼져 나갔단다. 그리고 훗날 《훈민정음》 해례본은 그 가치를 인정받아 유네스코 세계기록유산으로 등재되었지.

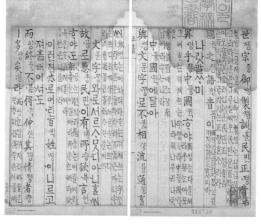

〈세종어제훈민정음〉 세종이 직접 지은 서문이 한글로 실려 있어.

핵심 콕콕 역사 퀴즈

○ 훈민정음 창제와 관련된 내용이 맞으면 ○표, 틀리면 ✕표 해 보세요.

(1) 소리가 나오는 기관의 모양을 본떠 17자의 자음을 만들었다.

(2) 세상을 이루는 원리를 담아 11자의 자음을 만들었다.

(3) 훈민정음은 백성을 가르치는 바른 소리라는 뜻이다.

(4) 신하들은 훈민정음을 사용하는 데 찬성했다.

(5) 양반들은 훈민정음이 배우기 어려운 글자라며 얕잡았다.

(6) 《훈민정음》 해례본에는 훈민정음이 어떻게 만들어졌는지 나와 있다.

(7) 우리글은 있었지만 우리말이 없어서 중국의 한자를 빌려 사용했다.

서술·논술 완벽 대비

❶ 다음은 훈민정음 사용을 반대한 최만리의 상소 내용입니다. 최만리의 상소에 반박하는 글을 써 보세요.

> 중국의 제도를 따랐는데, 언문을 만드는 것은 부끄럽다.
>
> 언문을 만드는 것은 중국을 버리고 오랑캐와 같아지는 것이다.
>
> 언문을 만들면 힘들게 성리학을 공부하지 않을 것이다.

✐ _____

_____

_____

❷ 한글의 우수성을 알리는 글을 써 보세요.

✐ _____

_____

_____

_____

_____

계유정난이 일어나다

쌤, 왠지 모르게 긴장감이 돌아요.

계속 평화로워서 이때쯤 뭔가 '펑' 하고 터질 것 같아요.

하하, 그럼 긴장감이 감도는 그때로 가 보자꾸나.

세종은 나이가 들수록 몸이 쇠약해지자 아들 문종이 걱정되었어. 문종은 약 30년간 세자로 지내면서 세종을 도왔지만 몸이 약했거든.

세손 세자의 맏아들

세종은 어느 날 신하들을 불러 모아 문종과 어린 세손 단종을 부탁한다는 유언을 남기고 숨을 거두었어.

세종의 뒤를 이은 문종은 이미 7년 동안 왕을 대신한, 준비된 왕이었어. 문종은 세종을 닮아 학문을 좋아해서 훈민정음 창제와 측우기 제작에도 참여했었지. 무예에도 관심이 많아서 움직이는 화살포인 화차를 만들기도 했어. 그리고 왕이 되어서도 고려의 역사를 편찬하고 국방을 튼튼히 관리했지.

그런데 문종은 세종의 걱정대로 오래 살지 못했어. 몸이 약한 데다 세종과 왕비의 초상을 치르느라 건강이 더 나빠졌거든. 그래서 왕위에 오른 지 2년 만에 숨을 거두었지.

화차 복원품 한번에 화살 100개를 쏠 수 있는 로켓 화살이야. 세계에서 제작 설계도가 남아 있는 로켓 병기 중에서 가장 오래되었어.

문종도 눈을 감으면서 어린 세자인 단종을 걱정했어. 그래서 김종서, 황보인과 집현전 학사들에게 세자를 잘 도와 달라고 부탁했지. 문종이 숨을 거둘 때 단종의 나이는 겨우 열두 살이었어.

김종서와 황보인은 문종이 믿었던 신하겠네요?

6진 개척을 주도했던 인물들이지. 김종서는 태조 때부터 관리였으니 총 네 분의 왕을 모신 신하였고.

고작 열두 살짜리 어린 왕이 할아버지 신하들과 나랏일을 의논해야 하다니 쉽지 않았겠어요.

마침내 어린 단종이 왕위를 이었어. 단종은 문종이 알려 준 대로 김종서, 황보인과 나랏일을 의논했어. 단종은 신하들이 시키는 대로 관리를 임명하기도 했지. 그런데 이 모습을 마땅치 않게 보는 사람이 있었어. 바로 세종의 둘째 아들인 수양대군이었지. 수양대군은 단종 옆에서 늙은 신하들이 나랏일을 쥐락펴락하는 것이 못마땅했던 거야. 수양대군은 어릴 때부터 성질이 급하고 난폭했어. 그래서 아버지인 세종도 늘 걱정했지.

수양대군은 단종에게서 김종서와 황보인을 떼어 놓을 방법을 궁리했어. 그리고 단종을 조용히 돕던 동생 안평대군도 눈엣가시로 여겼지. 그래서 이들이 단종을 끌어내리기 위해 계획을 세운다는 거짓 소문을 퍼뜨렸어.

계획대로 소문이 퍼지자 수양대군은 이 사실을 단종에게 전했어. 하지만 단종은 그럴 리 없다며 믿지 않았지. 수양대군은 김종서가 단종을 꾀어 귀를 막았다고 생각했어. 머리끝까지 화가 난 수양대군은 늦은 밤에 김종서를 찾아가 단칼에 베었어. 그 뒤 황보인과 안평대군에게도 몹쓸 짓을 했지. 단종을 돕는 세력을 차례대로 없애 버린 거야. 수양대군은 스스로 영의정과 병조 판서에 오르며 실질적인 정권을 잡았어. 이것을 '계유정난'이라고 해.

靖 편안할 **정**
難 어려울 **난**
나라 안에서 벌어지는 싸움이나 위태로운 재난을 평정함

수양대군은 무력으로 정권을 잡았지만 자신을 반대하는 세력이 곳곳에 도사리고 있다고 생각했지. 그래서 조선의 국경을 지키던 이징옥까지 죽이고 스스로 왕에 올랐어. 수양대군이 조선의 제7대 왕 세조가 된 거야.

왕이 된 세조는 상왕으로 물러난 조카 단종이 계속 신경 쓰였어. 단종이 커 가면서 주변에 신하들이 점점 많이 모였거든. 그리고 집현전 학사들을 중심으로 단종을 다시 왕으로 세우려는 움직임도 보였어. 이 사실을 안 세조는 화가 머리끝까지 났지. 그래서 이 신하들을 옥에 가두고 갖은 고문을 했어. 많은 신하가 고문에 못 이겨 굴복했지만 성삼문, 박팽년, 하위지, 이개, 유성원, 유응부는 뜻을 절대로 굽히지 않았지. 참기 힘든 고문에도 자신이 모신 세종과 문종의 뒤를 이은 단종에게 죽어서도 충성하겠다고 다짐했단다. 결국 세조는 이 여섯 명의 신하를 잔인하게 죽이고 말아. 단종을 다시 왕으로 세우려다가 발각되어 죽임을 당한 이 신하들을 '사육신'이라고 해.

그 뒤 세조는 단종을 영월로 유배 보내고, 단종은 그곳에서 숨을 거두었어.

상왕 자리를 물려주고 들어앉은 임금

〈월중도〉의 청령포 단종의 유배지였던 영월의 청령포를 그린 그림이야. 산과 강으로 둘러싸인 이곳을 단종은 '육지 속의 외로운 섬'이라고 했대.

死 죽을 **사**
六 여섯 **육**
臣 신하 **신**

신하들을 무참히 죽이고, 자신의 형제와 조카까지…. 세조는 비판을 피하기 어렵겠어요.

비판뿐이겠니? 계유정난은 조선 역사의 흐름을 바꿔 놓는단다.

너~무 궁금해요! 빨리 다음 장으로 가요.

핵심 콕콕 역사 퀴즈

○ 다음 가로세로 문제를 풀어서 낱말 퍼즐을 완성해 보세요.

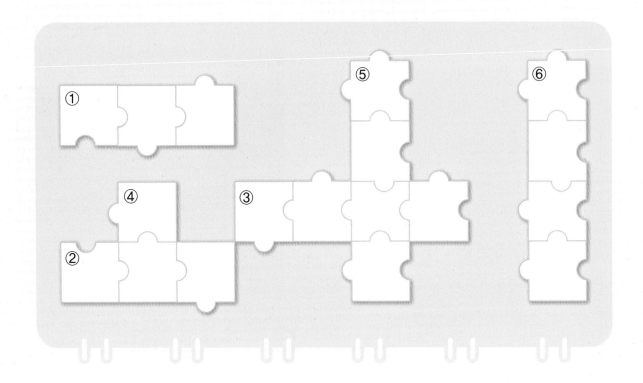

가로
문제

① 왕위에서 쫓겨난 단종을 다시 왕으로 올리려다가 발각되어 세조에게 죽임을 당한 여섯 명의 신하를 이르는 말이다.

② 6진을 개척한 장수로 태조 때부터 관리였던 인물이다.

③ 수양대군의 동생으로 단종을 돕다가 죽임을 당한 인물이다.

세로
문제

④ 문종의 아들로, 열두 살에 조선의 제6대 왕이 된 인물이다.

⑤ 세조가 왕에 오르기 전에 사용하던 이름이다.

⑥ 수양대군이 왕위를 빼앗기 위해 벌인 사건이다.

서술·논술 완벽 대비

❶ 단종이 문종의 뒤를 이어 왕위에 오르자 조선이 혼란스러워졌습니다. 그 이유는
무엇일까요? 힌트를 보고 써 보세요.

힌트: 12세   신하   수양대군

❷ 계유정난을 일으켜서 왕위에 오른 세조를 어떻게 생각하나요? 자신의 생각을
써 보세요.

훈구파와 사림의 성장

세조의 두 아들은 오래 살지 못했어. 첫째 아들은 세자 때 죽고, 둘째 아들 예종은 왕이 된 지 1년도 안 되어 죽었지. 그러자 세조의 아내였던 인수대비는 열두 살의 자을산대군을 왕위에 올렸어. 조선의 제9대 왕 성종이 탄생한 거야.

성종은 왕위에 올랐지만 너무 어려서 8년 동안 할머니 인수대비의 수렴청정을 받았어. 어린 왕과 나이 많은 대비가 나랏일을 하다 보니 경험이 많은 신하들의 말을 귀담아들을 수밖에 없었지. 그래서 세조 때 공을 세웠던 신하들, 즉 훈구 세력에 의해 나랏일이 결정되는 경우가 많았어.

수렴청정 나이 어린 왕이 즉위했을 때 성인이 될 동안 왕대비나 대왕대비가 나랏일을 대신하는 것

勳 공 **훈**
舊 옛 **구**

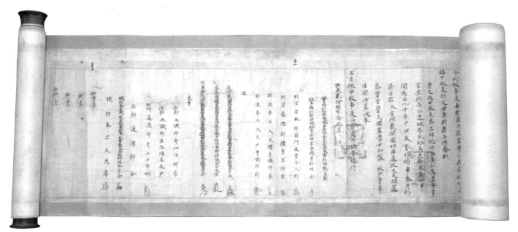

김회련 개국원종공신녹권 1395년 문신 김회련에게 공신의 증서로 내린 문서야. '공신'은 나라를 위하여 특별한 공을 세운 신하를 말해. 1392~1397년까지 10여 차례에 걸쳐 1400여 명에게 공신 문서를 주었어.

조선은 왕을 중심으로 움직이는 사회지만 신하들의 견제를 통해서 권력의 균형을 유지했어. 그런데 왕이 믿고 따르는 신하들에게 막강한 권력이 주어지면서 문제가 생긴 거야. 조선을 세우는 데 공을 세웠거나 단종을 내쫓고 세조를 왕위에 올렸던 신하들은 엄청난 재산과 명예를 얻었거든. 세조의 왕위는 신하들이 만들어 준 거나 다름없으니 세조도 이들을 무시할 수 없었겠지. 이런 신하들을 '훈구'라고 해. 시간이 지나자 조정은 훈구로 가득 찼고, 권력을 멋대로 휘두르던 훈구들은 점점 부패했어. 그러자 지방의 관리들까지 병들어 가기 시작했지.

그런데 지방에는 백성의 생활에 도움을 주는 세력이 있었어. 바로 '사림'이야. 사림도 훈구와 같이 고려 말에 성리학을 공부해서 관리가 된 신진 사대부였어. 사림은 유교의 가르침을 바탕으로 왕과 신하가 바르게 정치하는 걸 이상으로 삼았지. 그래서 이성계 세력이 고려의 충신을 죽이고 나라를 세운 것에 반대하여 고향으로 내려와 지냈어. 이후에 세조가 어린 단종을 내쫓자 이를 비판하고 이 일에 앞장섰던 신하들이 떵떵거리며 사는 세상을 걱정했지.

견제 상대편이 지나치게 세력을 펴거나 자유롭게 행동하지 못하게 억누름

士 선비 **사**
林 수풀 **림**
선비들의 집단을 뜻하는 말로, 선비는 학식은 있으나 벼슬을 하지 않았던 사람을 일컫는 말이야.

사림은 고향에서 학문을 연구하고 제자를 가르치며 백성의 생활을 살폈어. 마을의 지도자 역할을 하면서 지방 관리가 부정을 저지르지는 않는지 감시하고 조정에서 잘못하면 상소를 올렸지. 하지만 대부분의 왕들은 사림의 상소를 잘 받아들이지 않았어. 가까이에 있는 훈구들 때문이었지.

상소 왕에게 잘못된 것이나 옳지 못한 것을 알리기 위해 글을 올리는 것

그런데 성종 때부터 상황이 달라졌어. 영특한 성종은 세종처럼 학문과 토론을 좋아하여 날마다 경연에 참석하며 나랏일을 고민하는 왕이었어. 그리고 훈구에게 의지하던 생활에서 벗어나서 사림의 목소리에 귀를 기울였단다.

성종은 수많은 경연을 통해 왕으로서 유교의 가르침을 실천하려고 노력했고 백성도 유교의 가르침대로 살기를 바랐어. 그래서 사림 가운데 유교 생활을 장려하며 실력 있는 제자를 많이 배출한 김종직을 궁궐로 불러들였지. 성종은 김종직을 홍문관의 책임자로 임명했어. 홍문관은 학문을 연구하고 궁중의 책을 관리하며 왕에게 조언하는 일을 맡았던 기관이야. 성종은 크고 작은 나랏일을 김종직과 의논하여 결정했어. 그 뒤 김종직의 사림 제자들도 주요 관직에 진출했지.

배출 인재가 계속해서 나옴

관리가 된 사림들은 유교의 가르침으로 정치를 펼치는 일에 앞장섰어. 도성 안에 있는 절을 없애는 일부터 했지. 사실 불교는 고려 시대까지 온 백성이 받들던 종교였기 때문에 조선을 세울 때부터 억눌렀지만 백성들이 믿는 것까지 막을 수는 없었거든.

성종은 사림으로 구성된 홍문관의 기능을 확대하는 한편, 사헌부와 사간원에도 사림을 뽑아서 앉혔지. 사헌부는 관리들의 잘못을 감시하는 일을 하고, 사간원은 나랏일에 대한 여러 의견을 정리하여 왕에게 전달하는 일을 해. 성종은 홍문관, 사헌부, 사간원을 '삼사'라고 하여 관직의 위치를 올려 주었어. 삼사는 왕과 신하가 정치를 바르게 하는지 감시했어. 이렇게 되니 사림은 조정의 대부분을 차지하던 훈구들과 사사건건 부딪혔지.

都 도읍 **도**
城 재 **성**
왕이 있는 도읍지가 성으로 이루어져서 나온 말로 '서울'을 이름

핵심 콕콕 역사 퀴즈

○ 다음은 누구에 대한 설명일까요? 훈구와 사림 중 알맞은 것에 ○표 해 보세요.

설명	훈구	사림
(1) 조선을 세우는 데 앞장섰거나, 세조를 왕위에 앉히는 데 공이 많은 사람이다.		
(2) 왕이 잘못하거나 정치가 바르지 않으면 상소를 올렸다.		
(3) 많은 재산과 막강한 권력을 가지고 있어서 왕도 함부로 대할 수 없었다.		
(4) 나랏일에 경험이 많아서 안정적으로 정치를 할 수 있었다.		
(5) 단종을 내쫓은 세조에 반대했다.		
(6) 지방에서 학문을 연구하고 백성들의 생활을 살피고 관리들을 감시했다.		
(7) 지방에서 제자들에게 유교를 가르쳤다.		
(8) 오랫동안 권력을 독차지하다 보니 백성의 생활을 살피지 못하고 부패했다.		

서술 · 논술 완벽 대비

❶ 훈구와 사림이 함께 정치하면 좋을지 나쁠지 자신의 생각을 써 보세요.

좋다	나쁘다
여러 의견을 나눌 수 있고 권력을 나누어 갖기 때문에 부패를 막을 수 있다.	서로 자기 주장을 하느라 중요한 일이나 빨리 해결해야 하는 일이 미뤄질 수 있다.

🖊

❷ 성종은 삼사의 기능을 강화시켰습니다. 삼사의 기능이 강화되면 나라가 어떻게 될지 써 보세요.

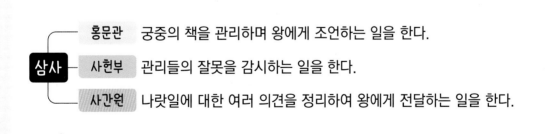

삼사
- **홍문관** 궁중의 책을 관리하며 왕에게 조언하는 일을 한다.
- **사헌부** 관리들의 잘못을 감시하는 일을 한다.
- **사간원** 나랏일에 대한 여러 의견을 정리하여 왕에게 전달하는 일을 한다.

🖊

조선의 기틀을 잡은 성종

홍문관은 왕에게 조언하는 일을 한다고 했죠?

홍문관
사헌부
사간원

홍문관, 사헌부, 사간원까지 삼사가 많이 중요했나 봐요?

아무나 왕에게 조언할 수 있는 건 아니니까.

홍문관부터 사헌부, 사간원까지 삼사에서는 왕과 관리가 잘못하지는 않는지 정치는 바르게 하는지 감시하는 역할을 했어. 그러니 삼사의 기능이 강해질수록 훈구파가 멋대로 권력을 휘두르는 걸 막을 수 있었지. 그래서 성종은 홍문관을 가까이하고, 사간원, 사헌부의 기능을 키운 거야. 정승, 판서가 되려면 이 관직을 꼭 거쳐야 했단다.

그리고 성종은 《경국대전》을 완성하는 데 온 힘을 기울였어. 《경국대전》은 조선의 기본 법전이야. 조선은 유교적 질서에 따라 정치, 경제, 사회, 문화의 규범을 법으로 정해 놓음으로써 백성을 올바르게 다스리고자 했어. 성종은 세조 때 시작한 《경국대전》을 정리하여 마침내 1476년에 완성했어.

《경국대전》에는 나랏일은 의정부가 결정하고, 육조에서 판서를 중심으로 시행하라는 기준을 정해 놓았어. 지방은 8도로 나누고 관찰사 밑에 수령을 두어 고을을 다스리도록 했지. 《경국대전》을 기준

《경국대전》 국가의 구조부터 백성의 사소한 일까지 나라를 다스리는 기준을 적어 놓은 조선의 기본 법전이야.

으로 중앙과 지방을 나누어 다스린 거야.

《경국대전》에는 재산을 받거나 토지나 집을 사고팔 때, 혼인을 할 때 등 백성의 생활에 관한 규정도 있어. 또한 죄를 지었을 때의 형벌도 정해 두었지. 가벼운 범죄를 저지르면 죄인의 볼기를 치는 형벌인 태형과 장형에 처하도록 했고, 죄의 가볍고 무거운 정도에 따라 몇 대를 맞아야 하는지 정해 놓은 거야. 귀양과 사형 같은 무시무시한 형벌은 언제 주어야 하는지도 나와 있어.

※ 땅과 집을 사면 100일 안에 관청에 보고해야 한다.

※ 관리 집안 출신에 집안이 가난해서 서른 살이 넘도록 시집을 못 간 처녀는 나라에서 결혼 비용을 지원한다.

※ 부모가 아프거나 부모 나이가 70세 이상인 장정은 군대에 가지 않아도 된다.

※ 아내가 죽은 뒤 3년이 지나면 다시 장가를 들 수 있다.

※ 16세의 나이가 되었는데 관청에 신고하지 않거나 신고한 뒤에 군대에 가지 않으면 천민으로 한다.

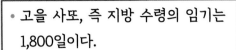

- 고을 사또, 즉 지방 수령의 임기는 1,800일이다.
- 여자 관노비가 임신한 경우에는 출산 전 30일, 출산 후 50일 등 총 80일의 휴가를 준다. 출산을 도와야 하는 관노비의 남편에게도 15일의 휴가를 준다.

노비에게도 출산 휴가를 준다고요?

사또의 임기는 5년이네요. 한 고을에 쭉 머물지 않으니까 부정부패를 막을 수 있겠어요.

조선은 꽤 상식적인 사회였지.

《악학궤범》

성종은 세종만큼이나 책을 내는 데도 열심이었어. 《국조오례의》는 성종 때 완성된 예법에 관한 책이야. 제사 음식부터 왕이 입는 용포의 디자인까지 자세하게 설명해 놓았어. 그리고 음악 백과사전인 《악학궤범》도 펴냈단다. 백성이 음악을 통해 바른 마음을 가지길 바라는 마음에 만든 거야. 유교에서는 마음을 다스리는 장치로 음악을 중요하게 생각했거든.

음악이요? 유교 국가인 조선에서도 노래를 좋아했군요.

음악 사전을 만들 정도라면 정말 음악에 진심이네요!

그게 아니라, 궁중에서 유교 의식을 치를 때 필요한 음악이란다.

음악은 하늘에서 나와 사람에게 깃든 것이며 허공에서 나와 자연에서 이루어지는 것이라 사람으로 하여금 느껴 움직이게 하고 혈맥을 뛰게 하며 정신을 흘러 통하게 한다.

- 《악학궤범》 서문 중에서 -

《신증동국여지승람》성종 때 만든 《동국여지승람》을 이후에 내용을 더 채워서 펴낸 책이야.

성종은 역사책을 편찬하는 일도 게을리하지 않았어. 고조선부터 고려까지의 역사를 기록한 《동국통감》을 편찬했지. 그리고 전국 8도의 지리, 풍속, 인물 등을 자세하게 기록한 지리서 《동국여지승람》도 펴냈단다.

조선은 성종 때에 와서야 비로소 제도가 정비되면서 나라가 안정되었어. 성종은 훈구와 사림의 어느 편에도 서지 않았어. 어진 왕은 서로 다른 목소리를 들어야 한다고 생각했거든. 날마다 학식 있는 신하들과 경연을 하며 세종과 같은 성군이 되기 위해 노력했지.

성군 어질고 덕이 뛰어난 임금

그래서 묘호가 성종이군요! 성군이어서 성종.

'이룰 성(成)' 자를 써서 성종이란다.

《경국대전》도 완성하고, 각종 책도 완성하고, 제도도 완성해서 성종.

묘호 왕이 죽은 뒤에 생전의 업적을 기리어 붙인 이름

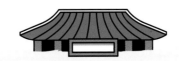

핵심 콕콕 역사 퀴즈

○ 다음에 들어갈 알맞은 낱말을 보기 에서 골라 써 보세요.

보기

악학궤범   사헌부   동국여지승람   경국대전   동국통감

(1) 군대에 가야 하는데, 부모님이 많이 아프셔. 이럴 때는 어떻게 해야 하지? 》 [   ]에 있는 대로 군대에 가지 않아도 돼.

(2) 어떤 관리가 권력을 믿고 잘못된 행동을 한다고 해. 이럴 때는 누구에게 알려야 할까? 》 [   ]관리에게 알리면 돼.

(3) 경상도는 어떤 풍속이 있는지 궁금해. 이럴 때는 무엇을 읽어야 할까? 》 [   ]을/를 읽어 봐. 풍속뿐만 아니라 지리, 인물에 대해서도 나와 있어.

(4) 고려의 역사가 궁금해. 이럴 때는 무슨 책을 읽어야 하지? 》 [   ]을/를 읽어 봐. 고조선의 역사부터 나와 있어.

(5) 조상님께 제사를 지내려고 하는데, 어떤 음악을 연주해야 할지 모르겠어. 이럴 때는 어떤 책이 도움이 될까? 》 [   ]이/가 도움이 될 거야.

서술·논술 완벽 대비

① 다음은 성종이 완성한 《경국대전》의 내용입니다. 내용을 읽고 경국대전이 조선 백성에게 어떤 영향을 주었을지 생각해서 써 보세요.

◎ 땅과 집을 사면 100일 안에 관청에 보고해야 한다.

◎ 관리 집안 출신에 집안이 가난해서 서른 살이 넘도록 시집을 못 간 처녀는 나라에서 결혼 비용을 지원한다.

70세 이상인 장정은 군대에 가지 않아도 된다.

◎ 아내가 죽은 뒤 3년이 지나면 다시 장가를 들 수 있다.

🖉

② 성종과 세종의 닮은 점을 2가지 이상 써 보세요.

🖉

이름이 비슷해! 성종, 세종, 둘 다 종으로 끝나!

그것 말고!

미루의
한눈에 쏙 마인드맵

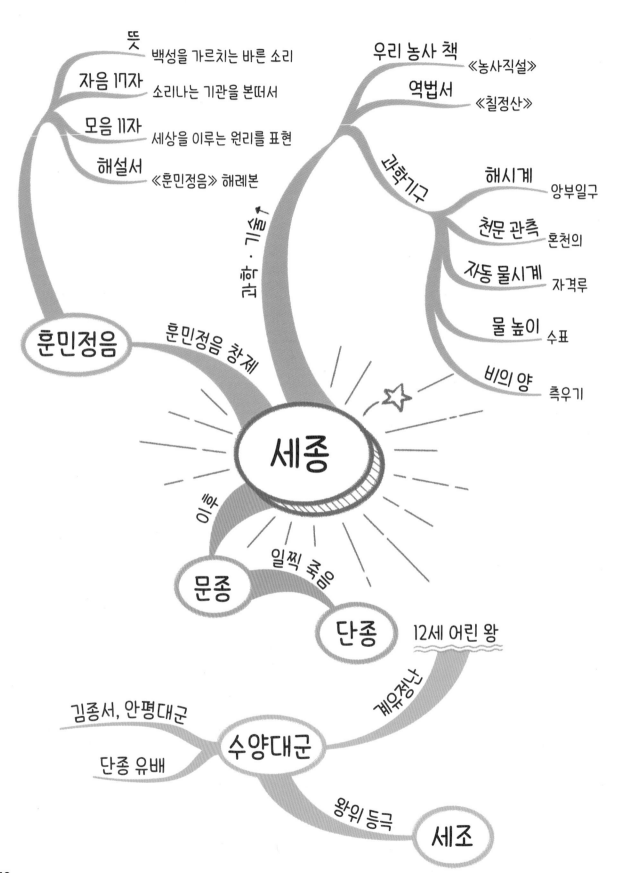

뜻 — 백성을 가르치는 바른 소리

자음 17자 — 소리나는 기관을 본떠서

모음 11자 — 세상을 이루는 원리를 표현

해설서 — 《훈민정음》 해례본

훈민정음

훈민정음 창제

우리 농사 책 — 《농사직설》

역법서 — 《칠정산》

과학기구

해시계 — 앙부일구

천문 관측 — 혼천의

자동 물시계 — 자격루

물 높이 — 수표

비의 양 — 측우기

문화 · 기술

세종

아들

문종

일찍 죽음

단종 — 12세 어린 왕

계유정난

수양대군

김종서, 안평대군

단종 유배

왕위 등극

세조

78

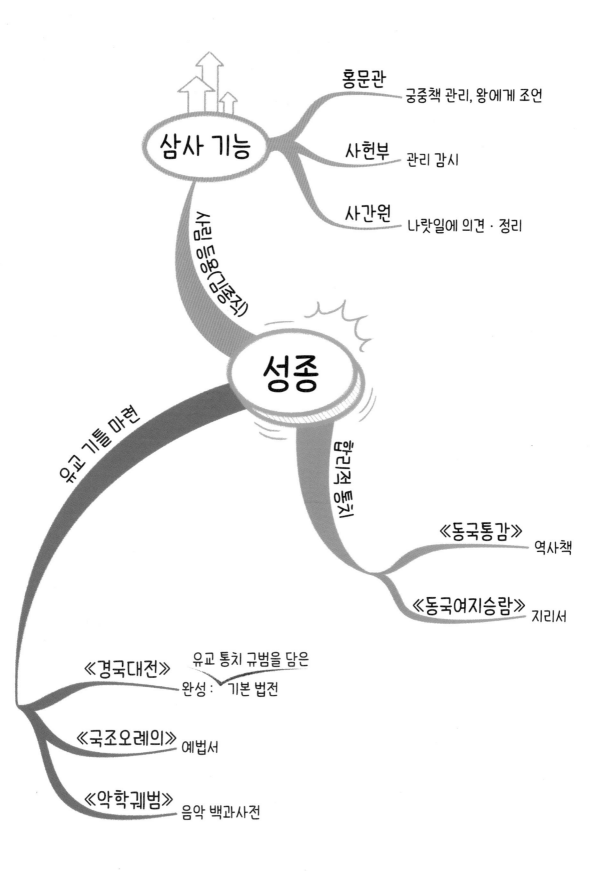

삼사 기능

홍문관 — 궁중책 관리, 왕에게 조언

사헌부 — 관리 감시

사간원 — 나랏일에 의견 · 정리

사림 등용(견제)

성종

합리적 통치

《동국통감》 — 역사책

《동국여지승람》 — 지리서

유교 기틀 마련

《경국대전》 — 유교 통치 규범을 담은 완성 : 기본 법전

《국조오례의》 — 예법서

《악학궤범》 — 음악 백과사전

◎ 세종의 업적을 담은 역사 신문을 만들어 보세요.

백성 사랑 ♥ 나라 사랑

세종 일보

발행일: ○○○○년 ○○월 ○○일　　　　발행인:

오늘의 발명품

오늘의 소식

2컷 만화

오늘의 인물

오늘의 책

광고

○ 다음 책 가운데 하나를 골라 책 표지를 만들어 보세요.

경국대전 | 칠정산 | 동국통감 | 동국여지승람 | 농사직설 | 훈민정음 | 악학궤범

堂倫明

1498년

무오사화

1504년

갑자사화

1506년

중종반정

3주

1519년

향약 실시
기묘사화

1543년

백운동 서원 세움

1589년

기축 옥사

사림의 시련, 사화

사림과 훈구의 대립을 막아 주던 성종이 죽다니… 그다음 왕은 누구였나요?

연산군이란다.

알아요, 연산군! 사람들이 폭군이라고 하잖아요.

연산군 연산군은 중간에 왕위에서 쫓겨났기 때문에 '조' 또는 '종'을 붙이는 게 아니라 '군(君)'으로 불러.

성종이 갑자기 숨을 거두자 성종의 아들인 연산군이 왕위에 올랐어. 연산군은 세자 때부터 불우하게 자랐지. 어머니인 윤 씨가 왕실의 미움을 받아서 궁궐에서 쫓겨나 사약을 받고 죽었거든. 어린 세자가 궁궐에서 의지할 데 없이 자란 거지. 그래서였을까? 연산군은 공부에 뜻이 없었어. 세자 때에도 학자들과 공부하는 것을 싫어하더니 왕이 되고서는 경연을 아예 없애 버렸지.

연산군은 신하들의 의견을 존중하던 아버지 성종과는 다르게 강한 왕이 되고 싶었어. 그래서 처음 왕이 되었을 때는 국방을 튼튼히 하고 가난한 백성의 세금을 깎아 주는 등 어진 정치를 펼쳤지. 그런데 사건이 터졌어. 훈구가 사림을 대표하는 김종직의 글을 문제 삼은 거야. 김종직이 예전에 '조의제문'이라는 글을 썼는데, 거기에 세조를 비판하는 내용이 있다고 연산군에게 전한 거지.

조의제문 의제의 죽음을 슬퍼한다는 글이야. 의제는 중국의 초나라 황제로 항우가 죽인 인물이지. 황제를 죽인 항우를 비판하는 동시에 단종을 죽인 세조를 항우에 빗대어 비판했어.

조의제문을 본 연산군은 증조할아버지인 세조를 비판한 사림에게 폭발하듯 화를 냈어. 글을 쓴 김종직뿐 아니라 그의 제자들까지 모두 찾아내어 잔인한 벌을 내렸지. 이것을 무오년에 선비가 화를 당했다고 하여 '무오사화'라고 해.

시간이 흐르고 연산군은 어머니의 명예를 되찾아 주려고 하지만 사림이 반대했어. 그런데 이때 '임사홍'이라는 신하가 연산군의 어머니 윤 씨가 어떻게 죽었는지 적나라하게 알려 주었지. 연산군은 거의 이성을 잃고 어머니를 궁궐에서 내쫓는 데 참여한 사림들을 찾아내어 잔인하게 벌을 내렸어. 이를 '갑자사화'라고 한단다.

연산군은 갑자사화가 일어난 뒤부터 더 무섭게 변해 갔어. 궁궐에서 못된 짓을 하는 것도 모자라 마을까지 내려와서 백성들을 집에서 몰아내고 사냥터를 만들었지. 그러자 여기 저기에 연산군을 비판하는 글들이 나붙었어. 주로 읽기 쉬운 한글로 쓴 글들이었지. 그러자 연산군은 아예 한글을 쓰지 못하게 금지해 버렸단다.

土 선비 **사**
禍 재앙 **화**

연산군 시대 금표비 연산군은 자신이 즐겨 놀던 곳에 백성이 들어오지 못하도록 비석을 세웠어. 침범하는 자는 죽인다고 쓰여 있어.

조정 밖에 있던 성희안과 박원종은 이를 가만히 지켜볼 수만은 없었어. 그래서 뜻이 맞는 신하들을 모아 반란을 준비했지. 어느 늦은 밤, 궁궐 문이 열리고 술에 취해 잠든 연산군을 반란군이 제압했어. 연산군은 몸부림쳤지만 소용없었지. 그렇게 연산군은 왕이 된 지 12년 만에 자리에서 쫓겨나고 말아.

이때 반란을 일으킨 신하들은 연산군을 몰아내고 이복동생인 진성 대군을 새로운 왕, 중종으로 올렸어. 이것을 '중종반정'이라고 해. 중종은 잘못된 정치를 바로잡는 데 힘썼어. 홍문관의 기능을 강화하고 독서를 장려하며 유능한 인재를 뽑으려고 노력했지. 특히 사림인 조광조와 함께 유교적 질서에 따른 정치를 펼치려고 했어.

조광조는 유학의 기본이 담긴 책《소학》을 널리 알리고, 지방에 '향약'을 널리 퍼뜨리는 데 힘썼어. 그런데 조광조의 급진적인 개혁에 반대한 훈구 세력이 조광조에게 왕이 되려고 한다는 누명을 씌웠어. 결국 조광조를 비롯한 사림들이 또 다시 화를 당했지. 이것을 '기묘사화'라고 해.

反 돌이킬 **반**
正 바를 **정**
옳지 못한 임금을 폐위하고 새 임금을 세워 나라를 바로잡는 일

鄕 시골 **향**
約 맺을 **약**
조선 시대 마을의 자치 규약으로 착한 일을 권장하고 서로 돕고 사는 것에 힘썼어.

조광조 적려유허비 조광조를 기리기 위해 유배지였던 화순 능주에 세운 비석이야. '적려'는 귀양 또는 유배 갔던 곳을 말하고, 유허비는 한 인물의 옛 자취를 밝히어 후세에 알리고자 세워 두는 비석을 말해.

그 뒤 중종의 뒤를 이은 인종이 일찍 세상을 떠나자 명종이 왕위에 올랐는데, 이때 또 한 번의 사화가 일어났어. 왕위 계승 문제를 둘러싸고 명종의 외척들이 사림을 몰아낸 거야. 이것을 '을사사화'라고 해. 이렇게 연산군에서 명종 때까지의 시기는 사화로 얼룩진 시대였단다.

外 바깥 **외**
戚 친척 **척**
어머니 쪽의 친척

핵심 콕콕 역사 퀴즈

○ 다음 설명과 관련 있는 인물이나 사건을 찾아 서로 연결해 보세요.

(1) 김종직이 쓴 '조의제문'이라는 글을 트집 잡아 무오사화를 일으켰다.　○

　　　　　　　　　　　　　　　　　　　　　　　　　　　　　　○ **연산군**

(2) 향약을 권장하고 소학을 널리 퍼뜨리는 등 유교적 질서에 맞는 정치를 위해 개혁을 펼쳤다.　○

(3) 자신의 어머니를 궁궐에서 내쫓는 데 앞장선 사람들에게 벌을 내리려고 갑자사화를 일으켰다.　○

　　　　　　　　　　　　　　　　　　　　　　　　　　　　　　○ **중종**

(4) 왕위를 넘본다는 누명을 쓰고 죽임을 당했다.　○

　　　　　　　　　　　　　　　　　　　　　　　　　　　　　　○ **조광조**

(5) 백성들을 집에서 내쫓고 자신의 사냥터를 만들었다.　○

(6) 왕위 계승 문제로 명종의 외척들이 사림을 몰아냈다.　○

　　　　　　　　　　　　　　　　　　　　　　　　　　　　　　○ **을사사화**

(7) 홍문관의 기능을 강화해서 유교적 질서를 바로 세우려고 노력했다.　○

서술·논술 완벽 대비

① 조선 시대에는 사화가 많았습니다. 다음 사화의 공통점이 무엇인지 생각해서 써 보세요.

무오사화	○	훈구가 김종직이 쓴 '조의제문'을 문제 삼았다.
갑자사화	○	훈구가 폐비 윤 씨 사건을 문제 삼았다.
기묘사화	○	훈구는 조광조가 왕이 되려 한다고 모함했다.
을사사화	○	훈구와 사림이 왕위 계승 문제를 놓고 다투었다.

② 다음은 《연산군 일기》에 기록된 글입니다. 사화를 통해 오늘날 무슨 교훈을 얻을 수 있을지 연산군의 글을 참고해 써 보세요.

"내가 두려워하는 것은 역사뿐이다."
(人君所畏者, 史而已)

《연산군 일기》 63권, 연산 12년 8월 14일

조선 전기 사람들의 생활

쌤~ 사화 이후에 어떻게 되었는지 빨리 알려 주세요.

아주 긴 이야기가 될 거 같으니까 이쯤에서 잠깐 쉬어 가는 건 어떠니?

오~ 그럼 조선 시대 사람들은 어떻게 살았는지 알려 주세요.

예~

《삼강행실도》

혹시 '삼강오륜'이라는 말을 들어본 적이 있니? 유교에서 사람과 사람 사이에 지켜야 할 기본적인 덕목을 이르는 말이란다. 유교에서는 사람 사이의 바른 관계를 중요하게 생각했거든.

그래서 백성들에게 삼강을 잘 가르치기 위해 《삼강행실도》를 펴냈어. 《삼강행실도》는 중국과 우리나라의 충신이나 효자, 열녀의 이야기를 담았는데, 글을 모르는 백성들도 알 수 있도록 글뿐만 아니라 그림도 그려 놓았지.

삼강
(三綱)

· 군위신강(君爲臣綱) : 신하가 임금을 섬기는 것은 마땅한 도리다.
· 부위자강(父爲子綱) : 자식이 어버이를 섬기는 것은 마땅한 도리다.
· 부위부강(夫爲婦綱) : 아내가 남편을 섬기는 것은 마땅한 도리다.

오륜
(五倫)

· 군신유의(君臣有義) : 임금과 신하 사이에는 의로움이 있어야 한다.
· 부자유친(父子有親) : 어버이와 자식 사이에는 친함이 있어야 한다.
· 부부유별(夫婦有別) : 부부 사이에는 구별이 있어야 한다.
· 장유유서(長幼有序) : 어른과 아이 사이에는 차례와 질서가 있어야 한다.
· 붕우유신(朋友有信) : 친구 사이에는 믿음이 있어야 한다.

백성의 생활도 마찬가지로 유교의 법도대로 흘러갔단다. 성인이 되면 관례를 치르고, 결혼은 혼례에 따라 격식을 갖추고, 사람이 죽으면 상례에 따라 예를 다해 보내 주었지. 또 조상들을 위해 제례에 따라 제사를 지냈단다. 이처럼 우리 조상들은 유교를 바탕에 둔 관혼상제의 예법에 따라 생활했어.

관혼상제 관례, 혼례, 상례, 제례를 아울러 이르는 말

관례
오늘날의 성년식으로 남자는 상투를 틀고 갓을 쓰는 의식을 치렀어.

혼례
오늘날의 결혼식으로 혼인에 대한 과정과 갖춰야 할 예의를 말해.

상례
오늘날의 장례식으로 사람이 죽었을 때 어떻게 장사를 지내는지 알 수 있지.

제례
오늘날의 제사로 죽은 조상을 기리는 의식이야.

조선 시대 백성은 마을 공동체를 이루어 중요한 행사나 일손이 필요할 때에 서로 도왔어. 특히 지방 마을에서는 '향약'이라는 자치 규약이 있었지. 백성들 스스로 자기 마을을 더욱 잘 돌보기 위해 규칙을 만들어 지킨 거야. 향약은 좋은 것을 서로 권하면서 착하게 살아야 한다고 강조했어. 그리고 '두레'를 만들어서 모내기나 김장 등 일손이 많이 필요할 때 품앗이를 하면서 거들었단다.

백성들은 명절이나 절기를 지키며 특별한 음식을 나누어 먹거나 함께 모여 즐겼어. 설날과 추석은 조선 시대에도 대표적인 명절이었지. 단오에는 단오떡을 해 먹고 여자는 그네를 뛰며 놀고 남자는 씨름을 했단다. 농사일이 없을 때에는 고누 놀이, 줄다리기, 고싸움, 강강술래 등 놀이를 하며 힘든 생활 속에서도 잠시 여유를 누렸지.

조선 전기의 생활 모습은 문화유산을 통해 알 수 있어. 조선의 건축물인 궁궐과 묘, 성곽, 탑, 서원 등이 곳곳에 남아 있단다. 박물관에서는 공예품과 그림들을 볼 수 있지.

힘든 농사일을 하는 모습이 생생하게 표현되었어.

김홍도의 《단원 풍속도첩》에 실린 〈논갈이〉

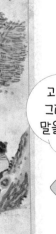

고누는 놀이판을 그려 놓고 상대의 말을 따는 놀이야.

김홍도의 《단원 풍속도첩》에 실린 〈고누 놀이〉

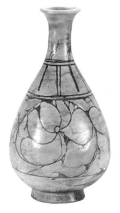

분청사기 조화문병 분청사기는 청자에 백토를 발라 다시 구워 낸 거야.

백자 끈무늬 병 풍만한 질감과 곡선미를 보여 주는 백자 병이야.

백자 달 항아리 달덩이처럼 둥그렇게 생겨서 달 항아리로 불려.

이번에는 도자기를 살펴볼까? 고려 시대에 청자가 있다면 조선 시대에는 백자가 있어. 조선 초기에는 회색 흙 위에 백토를 바르고 유약을 입혀 구운 분청사기가 많았는데 나중에는 선비들을 중심으로 깨끗한 백자가 유행했지.

조선 시대 화가 안견은 〈몽유도원도〉를 그렸어. 〈몽유도원도〉는 안평대군이 꿈에서 본 산과 강 등 이상적인 풍경을 담았어. 당시 선비들은 매화, 난초, 국화, 대나무 등의 사군자를 많이 그렸지. 신사임당의 그림 〈초충도〉는 세밀하고 섬세한 묘사로 유명해. 율곡 이이의 어머니 신사임당은 어릴 때부터 풀, 벌레, 채소, 꽃, 새 등을 섬세하게 잘 그렸어.

안견의 〈몽유도원도〉 안평대군의 꿈 이야기를 듣고 안견이 그린 거야.

신사임당의 〈초충도〉 풀과 풀벌레를 그린 그림을 초충도라고 해.

핵심 콕콕 역사 퀴즈

○ 어울리는 것끼리 서로 연결해 보세요.

(1) 어허, 찬물에도 위아래가
있단다.

㉠ 두레를 이루어서
서로 품앗이를 했어.

(2) 힘든 농사일은 혼자서는 못해.
같이 해야지.

㉡ 오륜의 장유유서!
어른과 아이 사이에 질서가
있어야 한다는 말이지.

(3) 일하다가 잠시 쉬는
틈에는 놀기도 해야지.

㉢ 달덩이처럼
둥그렇게 생겨서
달 항아리라고 부르지.

(4) 조선의 선비들은 희고
고운 백자를 좋아했어.

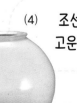

㉣ 땅바닥에 판을
그려 놓은 걸 보니
고누 놀이를 하고 있군.

서술·논술 완벽 대비

❶ 유교에는 사람과 사람 사이에 지켜야 할 기본 덕목 '삼강오륜'이 있어요. 오늘날 사람과 사람 사이에 지켜야 할 기본 덕목으로 무엇이 필요한지 자신의 생각을 써 보세요.

❷ 다음 그림에 어울리는 예법을 빈칸에 쓰고, 이러한 예법이 조선 시대에 중요했던 이유를 써 보세요.

조선 시대 신분 제도

쌤, 정말 조선 시대 여자들이 이렇게 얼굴을 가리고 다녔어요?

조선에서는 남녀 생활이 엄격하게 구분되었어.

남녀가 동등한 권리를 누리기도 했던 고려와 많이 다른 거 같아요.

조선 시대 신분은 크게 양인과 천민으로 나뉘었어. 양인은 평범한 일반 사람을 뜻하는 말로, 천민이 아닌 모든 사람을 가리키는 말이야. 반대로 천민은 말 그대로 천한 사람을 뜻하며, 노비가 이에 속해. 하지만 사회적으로 양인은 하는 일에 따라 양반, 중인, 상민으로 다시 구분된단다. 즉, 조선 시대 신분은 사회적으로 양반, 중인, 상민, 천민으로 나뉘지.

하하, 그러게 말이다. 이런 신분 제도를 만든 건 지배층이겠지?

하는 일에 따라서 신분이 나뉜다고요?

지배층인 양반의 신분이 가장 높은 건 당연했겠네요.

에헴

비켰거라~

쫑쫑

조선 시대는 '양반'이 중심이 된 사회였어. 양반은 유교의 가르침을 공부해서 과거 시험을 보고 관리가 되어 나라를 이끌어 갔어. 양반은 대대로 이어받은 재산과 특권을 누리는 지배층으로 권위가 하늘을 찌를 듯했단다. 예를 들어, 상민이 길을 가다가 양반을 만나면 길을 비켜 주고 고개를 조아리며 인사를 올려야 했어.

양반 조선 시대의 지배 계층이야. 문과 출신의 관리인 문반과 무과 출신의 관리인 무반을 합쳐 부르는 말이지.

▼ 〈평생도〉의 일부 양반의 이상적인 삶을 시기별로 나타낸 그림이야.

① **혼인식** 혼인은 조선 시대에 사람이 지켜야 하는 기본 도리로 여겼어.

② **과거 급제** 양반의 삶에서 과거에 합격하는 것은 중요한 목표였어.

③ **정승 행차** 최고의 관직인 정승에 오르면 더 이상 부러울 게 없겠지.

④ **회혼례** 결혼 60주년을 기념하는 예식을 치르는 모습이야.

'중인'은 궁궐에서 그림을 그리는 화원, 외국 사신을 맞이하고 통역을 담당하는 역관, 그리고 오늘날의 의사와 같은 의원 등 주로 기술관들이었어. 관청에서 일하는 향리도 중인이었지.

'상민'은 농업, 어업, 수공업, 상업에 종사하는 사람들이었어. 이들은 생산 활동에 종사하며 나라에 각종 세금을 내고 군대를 가거나 나라에서 시키는 일을 했단다. 원칙적으로 이들은 양인이기 때문에 과거 시험을 볼 수 있었어. 하지만 과거를 보려면 힘들게 공부해야 했는데 먹고살기 고단한 이들에게는 그림의 떡이었지.

'천민'은 양반의 집이나 관청에서 허드렛일을 하며 살아가는 노비를 말해. 이들은 주인이 시키는 일을 하거나 다른 일을 해서 주인에게 돈 또는 물건을 바쳐야 했어. 이 밖에 무당, 백정, 광대 등도 천한 직업으로 여겨서 천민으로 취급했단다. 고려 시대에 백정은 일반 백성을 이르는 말이었지만, 조선 시대에 백정은 소나 개, 돼지 등 짐승을 잡는 일을 직업으로 삼은 사람을 말해.

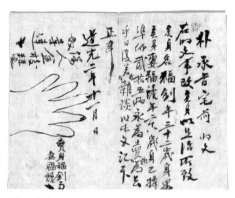

복쇠자매문기 복쇠라는 사람이 자신과 부인을 25냥의 돈을 받고 노비로 파는 내용을 기록한 문서야. 글자를 몰라 부인의 손을 종이에 대고 그렸어.

양반 (문반과 무반)

중인 (기술관, 향리, 서얼)

상민 (농민, 상인, 수공업자)

천민 (노비, 백정, 무당, 광대)

조선 초기에는 여성도 고려 시대와 같이 남성과 지위가 비슷했어. 여자도 남자처럼 재산을 가질 수 있었고 제사를 지낼 때도 남자와 여자를 구분하지 않았지. 그러다가 유교 질서가 엄격해지면서 남자와 여자의 구별이 더욱 철저해졌어.

여성은 양반 집안에서 태어났더라도 과거 시험을 볼 수 없었어. 그래서 양반가의 여자들은 생활에 필요한 최소한의 글공부만 하고 자수를 놓거나 집안일을 배웠어. 그리고 여성은 태어나서는 아버지를, 결혼해서는 남편을, 자녀를 낳으면 아들을 따라야 한다고 교육받았지. 남편이 죽은 뒤에도 재혼하지 못하는 것은 당연하고, 죽은 남편에 대한 절개를 지키면 '열녀'로 받들어 열녀문이나 비석을 세워 기렸어.

양반도 이 정도인데 상민 여성은 어땠을까? 상민 여성은 공부는 꿈도 꾸지 못했지. 집안일은 물론이고 길쌈, 나물 캐기 등을 하며 돈도 벌어야 했거든. 조선에서 여성으로 사는 것, 그것도 양반이 아닌 여성으로서 사는 건 쉽지 않았을 거야.

길쌈 실로 옷감을 짜는 일

김홍도의 《단원 풍속도첩》에 실린 〈나들이〉   김홍도의 《단원 풍속도첩》에 실린 〈길쌈〉

핵심 콕콕 역사 퀴즈

○ 다음 인물들은 조선 시대에 사회적으로 양반, 중인, 상민, 천민 중 어떤 신분에 해당하는지 빈칸에 써 보세요.

(1) 나는 홍문관에서 일하는 관리야. 문반에 속하는 내 신분은

　　　　　　　　(이)야.

(2) 나는 궁중에서 의약을 담당하는 의관이야. 내 신분은

　　　　　　　　(이)야.

(3) 나는 도화서에서 그림을 그리는 화원이야. 내 신분은

　　　　　　　　(이)야.

(4) 나는 농사를 짓는 농부야. 내 신분은

　(이)야.

(5) 나는 장사를 하는 상인이야. 내 신분은

　(이)야.

(6) 나는 주인집에서 시키는 일을 하는 노비야. 내 신분은

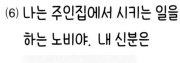

　　　　　　　　(이)야.

(7) 나는 군사 일을 맡은 무반이야. 내 신분은

　(이)야.

(8) 나는 대장간에서 일하는 대장장이야. 내 신분은

　　　　　　　　(이)야.

서술·논술 완벽 대비

❶ 다음 그림을 보고 조선 시대 여성의 생활에 대해 알 수 있는 내용을 써 보세요.

✎ ....

....

....

❷ 조선의 신분 제도에 대한 자신의 생각을 써 보세요.

양반 (문반과 무반)	✎ ....
중인 (기술관, 향리, 서얼)	....
상민 (농민, 상인, 수공업자)	....
천민 (노비, 백정, 무당, 광대)	....

조선의 교육과 과거 제도

조선 시대 어린이들이 서당에서 공부하는 그림을 본 적이 있니? 서당은 오늘날로 치면 초등학교와 같아. 조선 시대에는 서당뿐 아니라 여러 교육 기관이 있었어.

조선에서는 관리를 키우기 위한 교육 기관을 많이 세웠단다. 유교에서는 유학을 공부해서 관리가 되는 것을 최고의 목표로 삼았거든. 특히 신진 사대부들은 유학을 장려하면서 능력만 있으면 누구나 관리가 될 수 있다는 희망을 백성에게 주었어. 그래서 천민을 제외하고 누구나 과거 시험을 볼 수 있도록 했지. 과거 제도는 고려 때에도 있었지

김홍도의 《단원 풍속도첩》에 실린 〈서당〉

만 귀족이 아닌 백성에게 기회가 주어진 것은 조선 시대부터야.

서당은 글공부를 많이 한 양반이 여는 경우가 많았어. 아이들은 전국 곳곳에 있는 서당에서 유교의 기초를 배웠지. 서당에서는 '하늘 천(天), 땅 지(地)' 같이 기본 한자로 구성된 천자문과 유교의 경전인 '소학'을 배웠어.

서당을 졸업하면 4부 학당이나 향교에 들어갔어. 4부 학당은 한양에, 향교는 지방에 있는 중·고등학교라고 할 수 있지. 4부 학당과 향교에서는 소과 시험에 필요한 유교의 여러 과목을 배웠어. 소과에 합격해야만 성균관에 갈 수 있는 자격이 주어진단다.

성균관은 조선 최고의 교육 기관으로 나라에서 세운 국립 대학이라고 할 수 있어. 성균관은 원래 고려 시대에도 있었지. 고려 시대에는 '국자감'이었는데 이름을 바꾼 거야. 성균관에서는 유교의 가르침을 배우고, 유교를 세운 공자의 제사를 지내기도 했단다. 성균관에 들어가면 기숙사에 살면서 과거 시험을 준비했어. 기숙사 생활을 하는 동안 음식과 학용품 등을 나라에서 주었지.

소과 대과에 앞서 생원과 진사를 뽑는 과거 시험을 이르는 말

성균관 지금의 서울 종로구 명륜동에 있는 성균관 모습이야.

▲ 성균관의 유생들은 명륜당에서 유학을 공부했어. '명륜'은 윤리를 밝힌다는 뜻이지.

과거 시험은 선발하는 관리의 종류에 따라 과목이 나뉘었어. 문관을 뽑기 위한 문과, 무관을 뽑기 위한 무과, 기술관을 뽑기 위한 잡과가 있었지.

이 중에서 가장 중요한 시험은 문과였어. 조선은 유학을 공부하는 것을 귀하게 여기고, 기술을 배우는 것은 업신여겼거든. 그런 만큼 문과 시험은 다른 과목보다 복잡한 과정으로 선발했지. 문과 시험은 소과, 대과로 나누어 치러졌어. 소과는 생원과 진사를 뽑는 시험으로 한양과 지방에서 치렀지. 대과는 문과 시험에서 본 시험에 해

홍패 1814년 과거에 합격한 조기영에게 내리는 교지야. 이러한 과거 합격증은 주로 붉은색 종이에 써서 홍패라고 불렀어.

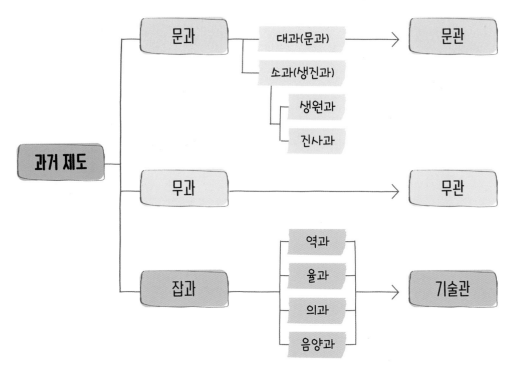

당하는데 한양에서 치렀어.

조선 시대에는 무관을 뽑는 무과 시험도 봤어. 활쏘기, 격구 등의 무술과 유교 경전을 외우는 시험을 봤지. 무과에서 28명의 무관을 뽑았단다.

잡과는 통역관을 뽑는 역과, 형률을 맡아 보는 관리를 뽑는 율과, 의술에 정통한 사람을 뽑는 의과, 천문이나 지리, 기후 관측을 맡아 보는 관리를 뽑는 음양과로 나뉘었어.

과거제는 능력 있는 인재를 골고루 등용하기 위해 실시한 제도야. 그래서 조선 시대 500여 년 동안 계속 이어졌지. 하지만 대과는 3년에 한 번 열리는 데다 고작 33명만 관리로 뽑았으니 경쟁률이 어마어마했어. 그래서일까? 과거가 열릴 때마다 좋은 점수를 얻기 위한 갖가지 비리가 등장했지. 좋은 자리를 맡으려고 싸움을 벌이거나 다른 사람의 답안지를 베끼거나 감시관에게 뇌물을 주기도 했대. 그래서 대부분 문과 합격자는 양반 자제들이었지.

또 과거 시험은 농사철에 치러져서 백성은 시험 볼 엄두를 못 냈어. 그리고 지방에서 시험을 보기 위해 올라오는 수험생들은 먼 거리를 걸어와야 해서 몹시 불리했단다.

참, 조선 시대에 관리가 되는 방법은 과거 시험을 보는 것말고도 다른 방법이 또 하나 있어. 바로 '음서제'지. 음서제는 관리의 자제들에게 관직을 주는 제도로, 고려 때부터 있었어. 그런데 조선에서는 고려 때보다 관직 수가 적은 데다 음서제로는 오를 수 있는 관직이 낮아서 점차 힘을 잃었단다.

김홍도의 《공원춘효도》 공원은 과거 시험장, 춘효는 봄날 새벽이라는 뜻으로, '봄날 새벽의 과거 시험장'을 그린 그림이야. 그림 윗부분에 강세황이 '만 마리의 개미가 싸움을 벌인다.'고 풍자한 글이 쓰여 있어. 가운데 과거를 보는 양반 자제 주변에 대리 시험을 보는 사람과 몸종까지 5명이 같이 있어.

핵심 콕콕 역사 퀴즈

1 다음 설명에 맞는 과거 시험은 무엇인지 빈칸에 써 보세요.

(1) 문관을 뽑는 시험으로 고작 33명만 뽑아서 경쟁률이 어마어마했다.

(2) 무관을 뽑는 시험으로 활쏘기, 격구 등의 무술과 유교 경전을 외우는 시험을 봤다.

(3) 의술에 종사하는 의관, 통역을 맡아보는 역관 등 기술관을 뽑는 시험이다.

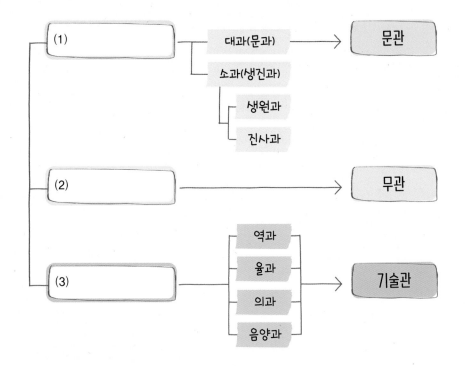

2 조선 시대의 교육 기관에 대한 설명과 어울리는 그림을 찾아 연결해 보세요.

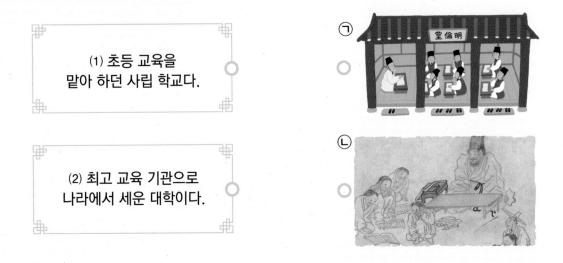

(1) 초등 교육을 맡아 하던 사립 학교다.

(2) 최고 교육 기관으로 나라에서 세운 대학이다.

서술 · 논술 완벽 대비

○ 다음은 역대 왕들이 냈던 과거 시험 문제입니다. 이 중에서 하나를 골라 자신의 생각을 써 보세요.

올바른 신하를 얻기 위한
방법은 무엇인가?

- 태종 -

효율적인 인재 양성 방법은 무엇인가?

- 세종 -

급한 일이 있거나
내가 미처 알지 못하는 실수가 있다면
마음을 다하여 전달하라.

- 문종 -

백성들의 과소비를
줄이는 방법은 무엇인가?

- 단종 -

도적의 수가 늘어나는
이유는 무엇인가?

- 세조 -

국가의 법이 엄중한데도 범죄자가
줄어들지 않는 까닭은 무엇인가?

- 성종 -

서원의 발달과 붕당의 시작

자, 이제 '사화' 이후 조선이 어떻게 되었는지 다시 이야기해 볼까?

사화로 죽거나 쫓겨난 사람들은 어떻게 되었어요?

척하면 모르겠냐? 다시 등장! 드라마에서 보면 꼭 그러잖아.

사림은 사화로 큰 피해를 입었지만 아예 사라지지는 않았어. 고향에 돌아간 사람들이 서원을 세우고 제자들을 가르쳤거든. '서원'은 세종 때 이미 있었지만 중종 때부터 본격적으로 생겨났단다. 성리학이 유교에서 나온 학문이라고 했지? 서원은 이름 높은 유학자의 제사를 지내고 유학을 가르치는 곳이야.

중종 때 주세붕은 경상도 영주에 '백운동 서원'을 지었어. 이 서원에서는 성리학을 들여온 안향의 제사를 지냈다고 해. 명종은 '소수 서원'이라고 이름을 바꾸고 책과 토지, 노비 등을 지원해 주었어. '소수'는 이미 무너진 유학을 다시 이어 닦게 했다는 의미야. 이렇게 왕으로부터 이름과 물자를 받아 권위를 인정받은 서원을 '사액 서원'이라고 한단다.

紹	이을	소
修	닦을	수
書	글	서
院	집	원

이 뒤부터 조선에는 사액 서원이 점점 늘어났고, 사림은 이를 바탕으로 세력을 키워 갔어. 사림이 지방에서 백성의 지도자 역할까지 맡았다고 했던 거 기억하지?

소수 서원 현판 현판의 글씨를 명종이 직접 썼다고 해.

영주 소수 서원

◀ 사림은 지방에 서원을 세우고 유교를 가르
쳤지. 여러 서원 중 지도에 표시한 서원 9곳
은 유네스코 세계유산에 등재되었어.

　　사림이 서원에서 힘을 키우는 동안 오
래전 공을 세웠던 훈구들은 죽거나 세력이 약해져
갔지. 사림들은 자연스럽게 훈구를 몰아내고 관직을 차지했어. 관리
를 뽑는 과거 시험은 공부를 많이 한 사림에게 유리했으니까.

서원에서 제자들을 기르며 살아남은 거군요.

그래, 사림들은 과거 시험을 통해 다시 관리가 되었지.

역시 살아남는 자가 승리한다! 버티면 승리!

　　그런데 문제는 바로 여기서부터란다. 사림의 수에 비해 관직이 너
무 적었거든. 그래서 사림들은 관직을 서로 차지하려고 다툴 수밖에
없었지. 게다가 사림들은 남은 훈구 세력을 어떻게 할 것인지에 대해
서도 생각이 나뉘었어. 훈구와 함께 나라를 이끌어 가고자 했던 사림
도 있고, 훈구를 완전히 내몰고 싶어 했던 사림도 있었던 거지.

이조전랑

　그러다가 '이조 전랑'이라는 벼슬에 누구를 세울까 하는 문제로 사림들이 심하게 부딪혔어. 이 벼슬은 정승이나 판서에 비하면 보잘것없는 관직이었지만, 주요 관직을 맡을 사람을 왕에게 추천하는 자리였어. 그러니까 떵떵거리던 영의정, 좌의정도 함부로 대하지 못했지. 게다가 자신의 뒤를 이을 사람도 추천할 수 있어서 놓치기 아까운 관직이었어.

　이때 김효원과 심의겸이 이조 전랑 자리를 두고 서로 맞섰어. 결국 김효원이 이조 전랑이 되었고, 이 일로 사림이 두 편으로 나뉘었어. 김효원을 따르는 사림과 심의겸을 따르는 사람들로 말이야. 그런데 김효원은 한양 동쪽에, 심의겸은 한양 서쪽에 살았대. 그래서 김효원을 따른 사람들을 '동인', 심의겸을 따른 사람들을 '서인'이라고 불렀어. 사림이 동인과 서인으로 나뉘면서 조선에서 붕당이 시작된 거지.

朋 벗 **붕**
黨 무리 **당**
학문적, 정치적 입장
이 같은 사람의 무리

사림들은 붕당을 이루어 자신과 생각이 다른 사람을 비판하고 견제했어. 붕당 정치는 왕에게 다양한 의견을 전할 수 있어서 정치를 바르게 펼칠 수 있는 역할도 했지만, 점점 붕당끼리 다투기만 하면서 나쁜 영향을 주었단다. 무슨 일이 있었는지 이야기해 볼까?

선조 때 서인이었던 율곡 '이이'가 '시무 6조'라는 글을 써서 선조에게 올렸어. '시무 6조'는 나라를 다스리는 데 필요한 조언을 적은 글인데, 여기에 일본의 침입에 대비해 군사를 길러야 한다는 내용이 포함되어 있었지. 선조는 이 일을 신하들과 의논했지만, 동인들이 반대하고 나섰단다.

결국 선조는 이러지도 저러지도 못하고 시간만 보내고 말았어. 그러던 중 '정여립'이라는 장수가 왕을 끌어내리기 위해 군사를 키운다는 말을 서인들이 선조에게 전했어. 선조는 화가 머리끝까지 났지. 선조는 '정철'을 시켜 정여립과 관련된 사람을 모두 잡아들인 뒤 처벌했어. 정여립은 동인, 정철은 서인이었단다. 이렇게 서인에 의해 동인이 1천여 명이나 희생된 이 사건을 '기축옥사'라고 해.

율곡 이이 신사임당의 아들로 병조 판서로 있을 때, 시무 6조를 선조에게 올렸어.

獄 하옥 **옥**
事 일 **사**
크고 중대한 범죄를 다스리는 것

진짜 정여립이 왕을 끌어내리려고 했던 거 맞아요? 뭔가 수상한 냄새가 나는데요.

알 수 없지. 정여립은 제대로 된 심문도 받지 못하고 죽었거든.

으… 정말 냄새가 나긴 나네.

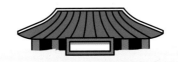

핵심 콕콕 역사 퀴즈

○ 다음 붕당 정치에 대한 설명이 맞으면 ○표, 틀리면 ✕표 해 보세요.

(1)
사화로 피해를 입은 사람들은 고향에서 서원을 짓고
제자들을 가르쳤다.

(2)
사림들은 음서제를 통해 다시 관직에 올랐다.

(3)
훈구 세력을 어떻게 할지 사림들마다 의견이 달랐다.

(4)
이조 전랑이라는 벼슬 자리를 놓고 다투던 사람들이
동인과 서인으로 갈렸다.

(5)
생각이 같은 사람들끼리 무리를 이루어 붕당이
시작되었다.

(6)
붕당 정치는 왕에게 다양한 의견을 제시해 주었다.

서술·논술 완벽 대비

❶ 사림이 붕당을 이룬 이유는 무엇인지 써 보세요.

이조 전랑은 우리 편 사람이 맡아야 해.

이조 전랑은 우리 편이 가져갈 거야.

이 조 전 랑

🖋

❷ 붕당 정치에 대한 자신의 생각을 써 보세요.

🖋

생활

유교의

법도대로 ─ 사람과 사람 사이 ─ 삼강오륜-책 《삼강행실도》

평생 예법 ─ 관혼상제

관례 ─ 오늘날 성년식

혼례 ─ 결혼식

상례 ─ 장례식

제례 ─ 제사

마을 공동체

자치 규약 ─ 향약

공동 노동 ─ 두레

노동력 나눔 ─ 품앗이

사회

신분 제도

양인

하는 일에 따라

관리 (문관 + 무관) ─ 양반

서얼+향리+기술관 ─ 중인

농민+상인+수공업자 ─ 상민

천민 ─ 천한 일 ─ 노비 ─ (백정, 광대, 무당 등)

문화

놀이 ─ 명절 · 계절에 따라 ─ 고누 놀이 · 줄다리기 · 고싸움 · 강강술래

도자기 ─ 백자

그림

선비 ─ 사군자

안견 ─ 〈몽유도원도〉

신사임당 ─ 〈초충도〉

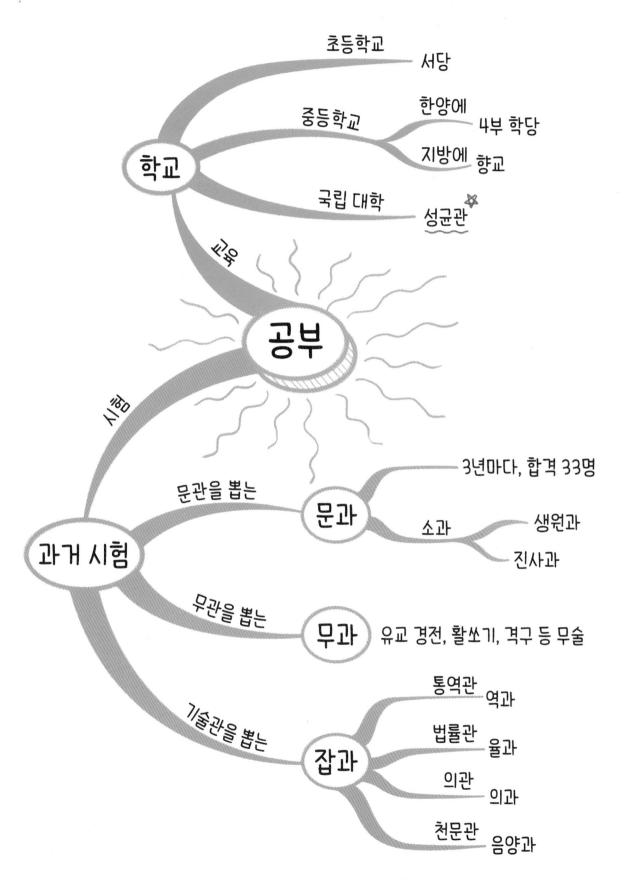

학교

초등학교 ─ 서당

중등학교 ─ 한양에 ─ 4부 학당
          지방에 ─ 향교

국립 대학 ─ 성균관

교육

공부

시험

과거 시험

문관을 뽑는 ─ 문과 ─ 3년마다, 합격 33명
                    소과 ─ 생원과
                           진사과

무관을 뽑는 ─ 무과 ─ 유교 경전, 활쏘기, 격구 등 무술

기술관을 뽑는 ─ 잡과 ─ 통역관 ─ 역과
                      법률관 ─ 율과
                      의관 ─ 의과
                      천문관 ─ 음양과

◉ 관혼상제를 소개하는 4컷 만화를 그려 보세요.

○ 김홍도의 〈벼타작〉과 〈길쌈〉에 나온 인물을 인터뷰한다고 상상해 보고 인터뷰 기사를 써 보세요.

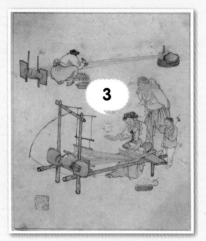

1

질문

대답

질문

대답

2

질문

대답

질문

대답

3

질문

대답

질문

대답

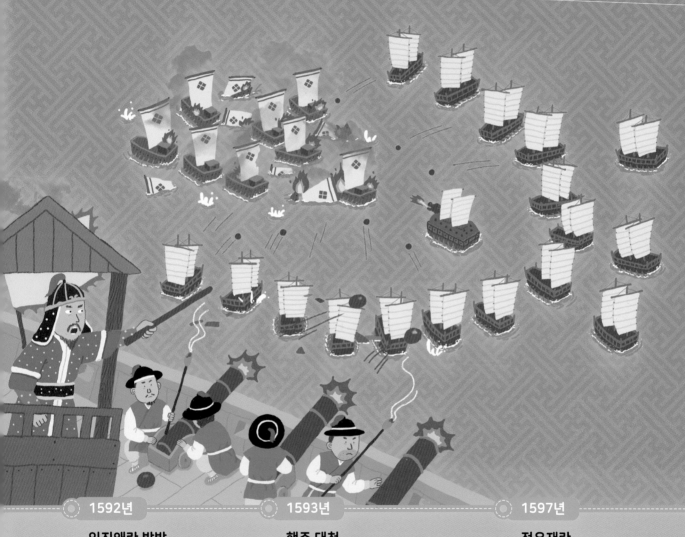

1592년

임진왜란 발발
한산도 대첩

1593년

행주 대첩

1597년

정유재란

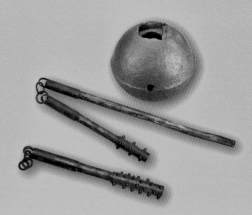

4주

1608년	1623년	1627년	1636년
경기도 대동법 실시	인조반정	정묘호란 발발	병자호란 발발

임진왜란의 시작

조선은 나라를 세우고 200년 동안 전쟁 없이 평온하게 지냈어. 명나라를 큰 나라로 섬기고 일본, 여진과는 적당한 거리를 유지하면서 물자를 교류하는 사대교린 외교를 폈기 때문이야.

외부의 침입이 전혀 없었던 것은 아니야. 가끔 가슴이 철렁 내려앉는 사건이 있었지. 일본인이 드나드는 삼포에서 일본인들이 폭동을 일으킨 일도 있었고, 대마도에 사는 일본인들이 전라도를 약탈한 일도 있었어. 하지만 조선의 평화를 흔들 정도는 아니었어.

사대교린 큰 나라는 섬기고 이웃 나라와는 평화롭게 지내는 외교 정책

한편, 섬나라 일본은 100여 년 동안 이어온 내전을 끝내고 도요토미 히데요시가 나라를 통일했어. 도요토미 히데요시는 막강한 군사력으로 조선을 침략할 야욕을 불태우고 있었어. 그래서 승려, 상인으로 가장한 염탐꾼을 조선에 보내어 전쟁을 준비했지.

도요토미 히데요시는 일본이 명나라를 공격할 테니 길을 내어 달라고 조선을 압박해 왔어. 전쟁을 하겠다는 선전 포고나 다름없었지. 그런데 조선은 빠르게 성장한 일본의 군사력을 알지 못했어. 좌의정 유성룡은 일본의 상황을 보고 오는 게 좋겠다고 선조에게 말했지. 선조는 부랴부랴 황윤길과 김성일을 일본 통신사로 임명했어. 그들은 일본에 가서 도요토미 히데요시를 만나고 왔는데 두 사람의 말이 서로 다르지 뭐야.

"일본이 전쟁을 준비하고 있습니다. 빨리 대비해야 합니다."

"도요토미 히데요시는 전쟁을 일으킬 만한 사람이 못 됩니다."

황윤길은 일본이 곧 조선에 쳐들어온다고 하고, 김성일은 그렇지 않다고 전한 거야. 선조는 어리둥절할 뿐이었지. 평소 일본을 무시하던 신하들은 오랑캐 나라가 어떻게 명나라처럼 큰 나라를 치겠냐며 콧방귀를 뀌었어.

승려 불교의 수행자인 스님을 이르는 말

통신사 조선 시대 왕의 명으로 일본에 파견한 공식 외교 관리

4주 1일 임진왜란의 시작 **121**

유성룡 선조 때의 재상으로 이순신과 권율 같은 명장을 추천했고, 임진왜란 이후 《징비록》을 써서 임진왜란의 원인과 상황, 수난 등을 적어 놓았어.

조선이 전쟁에 대비할 시간을 놓치고 있으니 유성룡은 애가 탔어. 그러던 중 여러 전투에서 공을 세우던 장수 이순신이 생각났지. 그래서 선조에게 이순신을 추천했고, 선조는 이순신을 전라 좌수사로 임명했어. 이순신은 전라도로 내려가서 몇 안 되는 낡은 판옥선을 정비하며 전쟁에 대비했지.

이순신은 판옥선을 개조해서 거북선을 만들었어. 거북선의 등에 창검과 송곳을 꽂아 적이 오르지 못하도록 하고, 앞머리와 옆구리 사방에는 화포를 설치했지. 이순신은 실전과 똑같이 군사들을 훈련시키며 전쟁에 완벽하게 대비했어.

한편, 일본은 조선을 침략하기 위해 7년이나 준비했어. 30만 명의 군사를 모집하여 군사 훈련을 계속했지.

《징비록》 징비록은 지난날의 잘못을 징계하여 뒤에 근심과 재난이 없도록 조심하기 위해 적은 기록이라는 뜻이야.

◀ 거북선 복원품

판옥선을 개조해서 거북선을 만든 이유는 뭐예요?

당시 일본은 배 위에 올라타서 칼로 싸우는 백병전에 능했거든.

거북선은 적이 배 위에 기어오를 수도 없고, 사방에서 포를 쏘니 적진을 흐트러뜨리기도 쉬웠겠네요.

조선의 판옥선은 배 밑바닥이 넓어서 안정감 있게 회전했고, 높이가 높아 공격하기에도 좋았어.

일본의 안택선은 배 밑바닥이 뾰족해서 속도가 빨랐지만 회전할 때 안정감이 없었어.

▲ 조선의 판옥선

▲ 일본의 안택선

1592년 4월 13일 새벽, 도요토미 히데요시는 20만 명의 군사를 이끌고 부산에 쳐들어왔어. 임진왜란이 시작된 거야.

조선은 갑자기 벌어진 일에 어쩔 줄 몰랐어. 일본군은 수백 척의 배를 몰아 부산진과 동래성을 삽시간에 무너뜨렸어. 그리고 군대를 3개의 길로 나누어 보내 빠른 속도로 한양을 향해 나아갔지. 이 소식은 나흘 만에 선조가 있는 궁궐까지 전해졌어. 미처 전쟁 준비를 하지 못한 선조는 어찌할 바를 몰라 발만 동동 굴렀지.

핵심 콕콕 역사 퀴즈

⭕ 다음은 임진왜란의 배경과 관련된 설명입니다. 맞으면 ○표, 틀리면 ✕표 해 보세요.

(1) 조선은 나라를 세우고 200년 동안 큰 전쟁 없이 평화로웠다.　　》

(2) 조선은 명을 큰 나라로 섬기면서 이웃 나라와는 교역하지 않았다.　　》

(3) 일본을 통일한 도요토미 히데요시는 명나라를 치려고 하니 조선에게 길을 내어 달라고 했다.　　》

(4) 조선은 일본과 무역을 하지 않았다.　　》

(5) 일본 통신사로 간 황윤길과 김성일은 둘 다 빨리 전쟁을 준비해야 한다고 선조에게 말했다.　　》

서술·논술 완벽 대비

❶ 이순신은 일본과의 전쟁을 준비하며 판옥선을 개조해서 거북선을 만들었습니다. 거북선이 임진왜란에서 필요했던 이유를 설명해 보세요.

❷ 조선이 임진왜란에 대비하지 못한 이유를 3가지 써 보세요.

한산도 대첩과 거북선

결국 전쟁이 터지고 말았네요.

하루만에 부산이 무너지다니… 흠~.

일본은 7년 동안 전쟁 준비를 했으니까.

일본이 침략했다는 소식을 들은 선조는 서둘러 군대를 갖추려 했어. 하지만 오랜 평화에 익숙했던 백성은 전쟁을 어떻게 하는지조차 몰랐고, 군대를 이끌 장수도 구하기 힘들었지.

조선 조정에서는 부랴부랴 신립 장군을 불러서 8천여 명의 군사를 내주었어. 신립은 일본군이 올라오는 길목인 충주 탄금대에서 일본군을 기다렸지.

일본군은 오랫동안 훈련을 받아서 군사력이 매우 강했어. 이에 비해 조선군은 급하게 모인 데다 훈련되지 않은 군사들이 훨씬 많았지. 게다가 조선은 무기도 활과 화살이 전부였지만, 일본은 포르투갈로부터 도입한 신식 무기인 조총으로 무장하고 있었어. 당연히 신립이 이끈 조선군은 일본군에 크게 패하고 말았지.

전투에서 승리한 일본군은 한양을 향해 갔고, 이 소식은 선조에게 전해졌어. 선조는 깜짝 놀라서 황급히 북쪽으로 피란을 갔지.

〈임진전란도〉 화승 이시눌이 부산진과 다대포진의 전투 장면을 묘사한 그림이야.

화석정 파주 임진강변에 있는 정자야. 선조가 한밤중에 피란을 갈 때 깜깜해서 강을 건너지 못하게 되자 이 정자를 불태워서 불을 밝혔다는 이야기가 전해져.

"임금이 백성을 버리고 떠나면 우리는 누구를 믿고 살아야 하나…."

임금의 피란 소식을 들은 백성들은 하늘이 무너지는 것 같았겠지.

결국 일본군은 20일 만에 한양을 무너뜨렸어. 그리고 바로 임진강을 넘어 계속 북으로 나아갔지. 선조는 평양에서 이 소식을 듣고 광해군을 급히 세자로 세웠어. 나라의 책임자를 둘로 나누기 위해서였지. 선조는 영변을 거쳐 의주로 피란을 가고 광해군은 다시 평양으로 내려갔어. 광해군은 평안도, 강원도, 황해도 등을 돌며 희망을 잃은 백성의 마음을 달래며 군사를 모집해 일본군에 맞섰단다.

조총 날아오르는 새도 잡는다고 해서 조총으로 불렸어. 적중률이 높고 파괴력이 커서 임진왜란 이후 조선군의 주력 무기가 되었지.

왕이 백성을 버리고 도망가다니 정말 화나요.

기가 막히네요.

사실 선조는 압록강을 건너 명나라로 피하려고까지 했단다. 신하들이 말려서 가지는 못했지만.

부산포 해전

사천 해전

동래

사천

옥포

거제도

한산도

옥포 해전

한산도 대첩

남해

일본군에 맞서 싸운 조선군은 육지에서 연달아 패배했지만 바다에서는 승리 소식이 들려 왔어. 조선 수군에 이순신이라는 명장이 있었으니까.

이순신은 여수를 거쳐 거제 옥포에서 일본 수군과 맞서 첫 승리를 거두었어. 그리고 합포, 적진포, 사천 등의 해전에서 모두 승리를 거두었지. 특히 사천 해전에서는 거북선을 처음 사용했어. 거북선은 용머리에서는 불을 내뿜고 왼쪽과 오른쪽에서는 화포를 쏘아 대며 적진을 향해 빠르게 나아갔지. 일본 수군은 거북선의 위엄에 벌벌 떨 뿐이었어.

그 뒤 조선 수군은 한산도 부근에서 일본군을 크게 물리치는 데 성공해. 조선군의 배를 학의 날개처럼 배치해 일본군의 배를 에워싸는 학익진 전법으로 승리를 거둔 거야. 일본군이 깜짝 놀라 도망가려 했지만 조선군의 배에 둘러싸인 상태에서 펑펑 날아오는 화포를 당해낼 수 없었지. 이 전투를 '한산도 대첩'이라고 한다.

鶴 학 **학**
翼 날개 **익**
陣 진칠 **진**
학이 날개를 편 듯이 군사를 배치하는 진법

이순신과 조선 수군의 활약으로 바다에서 육지로 진출하지 못한 일본군은 군사들에게 식량을 보급하지 못해 어려움에 빠졌지. 육지에 있는 백성들도 가만있지 않았어. 각 지방마다 낫과 곡괭이를 든 의병들이 일어난 거야. 의병은 나라에 적이 침입했을 때 백성들이 스스로 조직한 군대를 말해. 이렇게 일어난 의병은 전국적으로 번져 나갔어. 그리고 의병들은 일본군이 지날 때마다 치명적인 피해를 입혔지.

한편, 의주에 도착한 선조는 명나라에 지원을 요청했어. 곧 명나라 군대가 도착했고 조선군과 연합했어. 명나라와 조선의 연합군은 평양성에서 일본군에게 첫 승리를 거두었고, 그 기세를 몰아 한양으로 나아갔지.

義 옳을 **의**
兵 병사 **병**

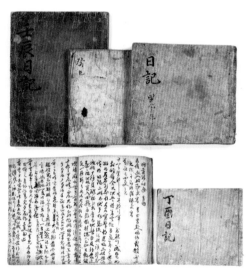

《난중일기》 임진왜란 때 이순신이 친필로 쓴 일기야.

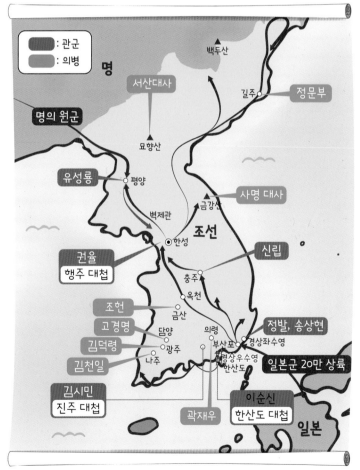

▲ 관군과 의병의 활약

핵심 콕콕 역사 퀴즈

○ 다음은 임진왜란에서 일어난 일입니다. 일이 일어난 순서대로 빈칸에 번호를 써 보세요.

(1)
선조의 요청으로 명나라의
군대가 도착했다.

(2)
신립이 이끄는 8천여 명의 조선군이
충주 탄금대에서 일본군에게
패했다.

(3)
일본의 20만 군대가 배를 몰고
부산진과 동래성에 침입했다.

(4)
거제 옥포에서 조선 수군이
첫 승리를 거두었다.

3

(5)
명과 조선군이 연합하여
평양에서 일본군을 무찔렀다.

6

(6)
한산도에서 학익진 전법으로
조선 수군이 큰 승리를 거두었다.

서술·논술 완벽 대비

❶ 이순신은 《난중일기》를 써서 전쟁 동안 있었던 일을 기록합니다. 자신이 이순신이 되었다고 상상하며 '한산도 대첩'이 일어난 날의 일기를 써 보세요.

❷ 다음은 임진왜란 당시 관군과 의병의 활약을 나타내는 지도입니다. 지도를 통해 무엇을 알 수 있는지 써 보세요.

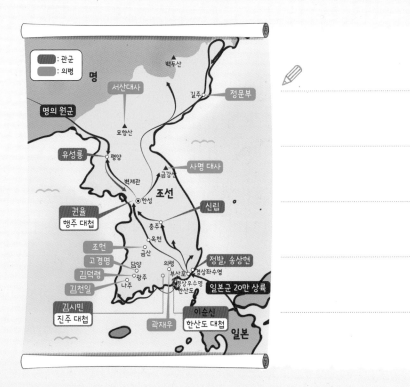

의병의 활약과 명량 대첩

쌤, 의병 이야기 더 해 주세요.

의로운 병사, 의병! 의병의 활약을 들으면 뭉클해요.

의병이 나라를 어떻게 지켰는지 우리 후손들이 잊지 말고 기억해야 해.

전라도 우리나라의 행정 구역으로 여기는 평야가 발달해서 쌀이 많이 나는 곡창 지대야. 일본은 전라도를 차지해서 식량을 확보하려고 했어.

목사 지방의 행정 구역인 '목'을 다스리던 벼슬

일본이 부산에 침입하고 얼마 되지 않아 곽재우는 고향에서 의병을 일으켰지. 노비 10여 명으로 시작한 곽재우의 의병은 얼마 되지 않아 2천 명으로 불어났어. 곽재우는 붉은 옷을 입고 용감하게 싸워서 '홍의 장군'으로 불렸지. 곽재우는 의령 주변의 낙동강 일대에서 일본군이 전라도로 들어가는 길을 막는 데 큰 공을 세웠어.

얼마 뒤 곽재우는 진주로 나아가서 조선 군대에 합류했어. 이때 조선군은 두 장수가 이끄는 2만 명의 일본 군사에 맞서야 했거든. 그래서 곽재우는 진주 목사인 김시민이 이끄는 군대와 하나로 합친 거야.

곽재우는 적의 이동 경로를 미리 알고 숨어 있다가 적을 공격하며 진주성에서 일본군을 무찔렀어. 김시민도 물을 끓이고 짚을 불태워서 일본군을 공격해 크게 승리했지. 이를 '진주 대첩'이라고 한다. 일본군은 이때 너무 분했던 나머지 1년 뒤 다시 진주성을 공격했어.

조선과 명의 연합군이 한양으로 이동할 무렵이었어. 권율 장군은 행주산성으로 군사를 이동시켜 전투를 준비했지. 이때 수많은 의병이 행주산성으로 모였어. 권율이 이끄는 행주산성에는 군인뿐만 아

진주 대첩을 그린 기록화
진주성은 경상도에서 전라도로 가는 길목에 있어서 지리적으로 중요한 곳이었어. 일본이 전라도로 가는 것을 막기 위해서는 반드시 이 성을 지켜야 했지.

니라 농민, 승려, 의병, 심지어 아녀자들이 모여 힘을 보탰지. 이렇게 모인 조선과 명의 연합군은 일본군에게 크게 승리를 거두었어. 이를 '행주 대첩'이라고 한단다.

행주 대첩으로 큰 피해를 입은 일본은 일단 자기 나라로 돌아갔어. 그리고 명나라에 회담을 제안했지. 이를 '강화 회담'이라고 해. 이 회담에서 일본은 조선 땅 절반을 달라는 둥, 명나라 황제의 딸을 왕비로 삼겠다는 둥 터무니없는 요구를 했어. 결국 회담은 없던 일이 되고 3년 뒤인 1597년, 일본군이 다시 조선에 쳐들어왔지. '정유재란'이 일어난 거야.

강화 회담 싸우던 두 편이 싸움을 그치고 평화로운 상태가 되기 위한 회의

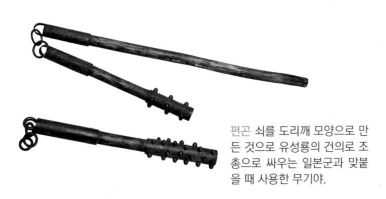

편곤 쇠를 도리깨 모양으로 만든 것으로 유성룡의 건의로 조총으로 싸우는 일본군과 맞붙을 때 사용한 무기야.

비격진천뢰 선조 때 이장손이 발명한 시한폭탄의 일종이야. 임진왜란 때 경주성을 되찾을 때도 사용했어.

사실 명나라와 일본의 강화 회담이 진행될 때 선조가 실수를 저질 렀어. 바다에서 큰 공을 세운 이순신에게 상을 내리기는커녕 간사한 신하들의 말에 속아 이순신을 감옥에 가두었거든.

조선은 이순신의 빈자리를 막지 못하고 칠천량에서 일본 수군에 크 게 패했어. 다급해진 선조는 이순신을 감옥에서 풀어 주고 삼도 수군 통제사로 임명했어. 하지만 이순신에게는 움직일 수 있는 배도, 함께 할 군사도 거의 없었어. 상황을 안 조정에서는 이순신에게 육지로 와 서 싸우라고 했지만, 이순신은 배를 고치고 군사를 모은 다음, 선조 에게 보고했어.

鳴 울 **명**
梁 들보 **량**
물살이 빠르고 소리 가 요란해 바위가 우 는 것 같아서 울돌목 이라고도 불러.

"전하, 지금 신에게는 12척의 배가 있사옵니다."

이순신의 수군은 명량 해협에서 물밀듯이 쳐들 어오는 수많은 일본 수군을 묵묵히 기다렸어. 그 리고 선조에게 보고한 12척의 배와 수리를 마친 1척의 배까지, 13척의 판옥선으로 수백 척의 일본 배를 함몰시켰지. 이를 '명량 대첩'이라고 해. 어떻 게 13척의 배로 승리할 수 있었느냐고? 울돌목의 지형적 특성을 이용한 거야. 울돌목은 암초가 많 은 데다 길이 좁고 물의 흐름이 빨랐어. 일본군은

이 사실을 모르고 우왕좌왕했고, 그러는 사이에 일본군을 한꺼번에 공격한 거지.

이순신이 명량에서 승리하자 일본군은 전쟁에 참가하는 군대를 하나씩 빼기 시작했어. 조선 수군의 뛰어난 실력에 기가 죽은 데다 도요토미 히데요시까지 죽는 바람에 군사들의 사기가 떨어졌기 때문이지. 이순신은 일본군을 한 명도 돌려보낼 수 없었어. 그래서 노량 앞바다에서 일본 수군을 모조리 없애기로 했지. 하지만 이 전투에서 이순신은 일본군의 총탄에 맞고 말아.

"나의 죽음을 적에게 알리지 말라!"

이순신은 마지막으로 이 말을 남기며 안타깝게 숨을 거두었어. 결국 조선 수군은 승리했고, 7년에 걸친 전쟁도 끝이 났단다.

전쟁은 조선에 씻을 수 없는 상처를 주었어. 수많은 사람이 죽고 폐허가 되어 농사를 지을 땅이 거의 없었어. 경복궁, 불국사 같은 문화재도 불에 타 사라졌지. 그리고 우리의 도자기 기술을 탐낸 일본은 도공들을 강제로 끌고 갔단다.

핵심 콕콕 역사 퀴즈

○ 다음은 임진왜란과 정유재란 때 활약한 인물에 대한 설명입니다. 다음에서 설명하는 '나'는 누구인지 이름을 써 보세요.

⑴ 나는 임진왜란 때 의령에서 의병을 일으켜서 큰 공을 세웠습니다. 붉은 옷을 입어서 홍의 장군이라고 불렸습니다.

나는 누구일까요?

⑵ 나는 임진왜란 때 진주 목사로 2만 명의 일본군과 싸웠습니다.

나는 누구일까요?

⑶ 나는 정유재란 때 우리나라의 군대를 총지휘하였으며, 행주 대첩에서 크게 이겼습니다.

나는 누구일까요?

⑷ 나는 정유재란 때 13척의 배로 일본의 대군을 물리쳤습니다. 하지만 노량 해전에서 숨을 거두고 말았습니다.

나는 누구일까요?

⑸ 나는 세자로 백성의 마음을 달래 주고 군사를 모집해서 일본과 싸웠습니다.

나는 누구일까요?

⑹ 나는 조선의 제14대 왕으로 일본의 침략을 막지 못해 조선의 백성들이 임진왜란과 정유재란을 겪게 했습니다.

나는 누구일까요?

서술·논술 완벽 대비

❶ 일본은 진주성을 두 차례나 공격합니다. 일본이 진주성을 공격한 이유는 무엇일까요?

🖉

❷ 이순신은 명량에서 13척의 배로 일본과 맞서 싸워 이깁니다. 명량 대첩 이후에 상황은 어떻게 변하는지 써 보세요.

🖉

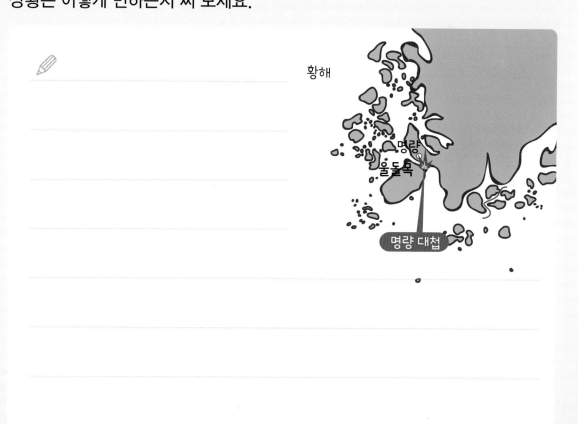

황해

명량

울돌목

명량 대첩

인조반정과 정묘호란

인구도 줄고 땅도 황폐해지고….

임진왜란의 피해는 조선 백성들에게 고스란히 전해졌네요.

안타깝게도 회복할 틈도 없이 조선은 다시 혼란에 빠지게 된단다.

특산물 지역에서 특별히 생산되는 물건으로 조선 시대 세금으로 낸 특산물은 약재, 종이, 수산물, 과일 등 270여 개가 넘었어.

임진왜란이 끝나고 왕위에 오른 광해군은 황폐해진 국토를 회복하고 백성을 다시 일으킬 방법이 무엇인지 고민했어. 광해군이 가장 먼저 펼친 정책은 대동법이야. 대동법은 특산물 대신 쌀을 세금으로 내는 정책이지. 특산물을 세금으로 바치다 보니 운반하기가 어렵고 생산량이 일정하지 않아서 문제가 많았거든. 또 나쁜 관리가 상인하고 짜고서 그 상인에게서 산 특산물만 세금으로 인정하기도 했어. 그런데 특산물 대신 쌀을 내면 이러한 문제를 해결할 수 있었지. 세금으로 내는 쌀의 양은 토지를 기준으로 정했어. 소유한 토지가 많을수록 더 많은 세금을 내야 했지.

광해군은 임진왜란과 같은 전쟁이 다시는 일어나지 않도록 주변 나라와의 외교에 힘을 기울였어. 당시 중국은 명나라가 힘이 약해지고 여진족이 세운 '후금'이라는 나라가 커지고 있었어.

명나라와 후금은 밤낮없이 싸우며 힘겨루기를 했어. 명나라는 조선에게 지원병을 보내 줄 것을 요구

▲ 조선의 주변 국가

138

했고, 후금은 명나라를 섬기는 조선을 자꾸 위협했지.

'명나라에 군대를 보내면 후금이 전쟁을 벌일지 모르고, 후금 편을 들면 임진왜란을 도운 명나라의 미움을 받을 텐데….'

광해군은 전쟁에 휘말리지 않고 조선의 이익도 챙길 수 있는 중립 외교를 선택해. 그리고 강홍립에게 1만 명의 병사를 내주며 말했어.

"장군, 명나라 명령에 신중하게 행동하여 패배하지 않도록 최선을 다하시오."

강홍립은 병사를 이끌고 명나라의 지원군으로 갔지만, 후금군의 공격을 받자 이번 전투에 어쩔 수 없이 참여하게 된 것이라고 밝혔어. 명나라에는 의리를 지키고 후금에는 좋은 인상을 준 거지.

하지만 서인들은 명나라를 섬기지 않는 광해군이 마음에 들지 않았어. 게다가 광해군이 왕위에 오르면서 선조의 왕비였던 인목대비를 궁궐에 가두고 그 아들 영창 대군을 죽인 일에 불만을 품고 있었지.

서인들은 광해군을 몰아내려는 계획을 세웠어. 얼마 뒤 1400여 명의 군사를 이끌고 궁궐로 쳐들어가서 광해군을 강화도로 내쫓아 버렸지. 그러고는 인조를 왕위에 올렸어. 이것을 '인조반정'이라고 해.

중립 외교 어느 한쪽에 치우치지 않고 각 나라에 같은 비중을 두면서 중립을 지향하는 외교

조선은 왜 그렇게 명나라 눈치를 보는 거죠?

해마다 명나라에 조공도 바치고 군대도 보내고.

명나라를 큰 나라로 섬기는 사대주의를 펼쳤으니까. 서로 평화를 유지하는 방법 중에 하나였지.

인조반정 이후 조정은 서인들이 독차지했어. 서인들은 명나라를 받들고 후금을 배척하는 외교 정책을 펼쳤지. 그러자 후금은 호시탐탐 조선을 노렸고, 인조는 후금을 경계해야 했어.

인조는 이괄에게 군사를 주어 북서쪽 국경을 막으라고 했어. 그런데 이괄이 난을 일으켰어. 이괄은 인조반정에서 공을 세웠는데 서인들에 의해 배척당하자 난을 일으킨 거야. 그래서 국경으로 가던 1만 2천여 명의 군사를 돌려 궁궐로 향했어. 이 소식을 들은 인조는 재빨리 몸을 피했지. 이괄은 순식간에 궁궐을 함락시켰지만 조선 군대는 임경업 등의 장수를 내세워 이괄 무리를 진압했어. 이것을 '이괄의 난'이라고 해.

陷 빠질 **함**
落 떨어질 **락**
적의 성, 요새, 진지 따위를 공격하여 무너뜨림

피란 갔던 인조는 다시 돌아왔지만, 이괄의 난으로 조선이 입은 피해는 막심했어. 수많은 사람이 죽고 국경이 허술해졌지. 국경을 넘어 후금으로 옮겨 사는 사람도 있었어. 이 사람들은 후금에 광해군을 무너뜨린 인조 정권에 대해 낱낱이 들려주었지.

후금은 조선이 매우 불안정하다는 것을 알고 1627년, 3만 명의 대군

후금

백두산

→ 후금의 침입로
✿ 격전지

◀ 정묘호란을 일으켜
조선을 침략한 후금

의주
백마산성
용천
곽산
능한산성
안주
이립 의병
평양
황주
평산
강화도
한양
조선

〈호병도〉 조선 후기 화
가 김윤겸의 그림으로
청나라 병사가 사실적
으로 묘사되어 있어.

을 이끌고 쳐들어왔어. '정
묘호란'이 시작된 거야.

후금은 광해군을 내쫓은 인
조 정권을 무너뜨리기 위해 왔다
고 떠들었지만, 사실은 명나라와의 전투
를 대비하기 위한 전쟁이었지. 후금은 함경도와 평안도를 순식간에
점령했어. 의병도 함께 도왔지만 조선군은 계속 밀렸고 인조는 강화
도로 피신을 가야 했어.

하지만 얼마 지나지 않아 후금은 조선을 더이상 공격하지 않았어.
명나라와 전쟁하려면 조선에서 힘을 뺄 필요가 없었거든. 대신 조선
에 맹약을 제의했지. 이 맹약에서 조선은 후금과 형제의 나라가 되기
로 약속했어.

盟 맹세할 **맹**
約 맺을 **약**
굳게 맹세하여 약속함

근데 전쟁이 나면
왕은 왜 자꾸 도망가요?

그때는 왕을 잡거나 죽이면
전쟁을 승리로 끝낼 수 있었거든.

만약 광해군이
계속 왕으로 있었다면
어땠을까요?

핵심 콕콕 역사 퀴즈

○ 다음 일이 일어난 순서대로 번호를 써 보세요.

(1) 후금은 함경도와 평안도를 점령하고 인조는 강화도로 피신을 갔다.

(2) 이괄의 난이 일어나서 조선의 군사력이 약해지고 국경이 허술해졌다.

(3) 후금이 3만 대군을 이끌고 조선을 침략해서 정묘호란을 일으켰다.

(4) 서인들이 광해군을 몰아내고 인조반정을 일으켰다.

(5) 조선은 후금과 형제의 나라가 되기로 약속했다.

(6) 광해군이 왕이 되어 명과 후금 사이에서 중립 외교를 펼쳤다.

서술·논술 완벽 대비

1 광해군은 공납 대신에 대동법을 실행합니다. 대동법을 실행하면 백성들에게 무엇이 좋은지 써 보세요.

대동법은 특산물 대신에 쌀을 세금으로 내는 제도야.

세금으로 내는 쌀의 양은 토지를 기준으로 정했어.

2 광해군은 명나라와 후금 사이에서 어느 쪽 편도 들지 않는 중립 외교를 펼칩니다. 광해군의 중립 외교에 대해 자신의 생각을 써 보세요.

병자호란 이후의 변화

후금은 조선과 맺은 약속을 어기고 엄청난 식량, 금, 군사 등을 내놓으라고 무리한 요구를 해 왔어. 그리고 국경 근처에 사는 조선 백성에게 노략질을 일삼았지. 그러자 조선 조정은 의견이 둘로 나뉘었어.

"오랑캐 나라인 후금을 혼쭐내 주어야 합니다."

"아닙니다, 후금을 잘 달래어 조선이 이익을 챙겨야 합니다."

▲ 병자호란을 일으켜 조선을 침략한 청나라

그런데 후금이 임금과 신하의 관계를 맺자고 조선에 요구해 왔지. 그러자 후금을 공격하자는 쪽으로 의견이 기울었어. 그러던 중 조선에 사절로 온 후금 사신을 무시하는 일까지 일어났어.

이때 후금은 명나라를 무너뜨리고 이름을 청나라로 바꾸었어. 결국 1636년 12월 청나라는 12만 명의 군사를 이끌고 조선을 쳐들어왔어. '병자호란'이 일어난 거야. 조선은 정묘호란을 맞은 지 9년이 지나서 또다시 전쟁을 치러야 했어.

144

조선의 임경업 장군 등이 성곽을 굳게 쌓고 청나라 군대를 기다렸어. 의병도 일제히 일어났지. 그런데 말을 탄 청나라 군대는 인조를 잡기 위해 그대로 한양까지 달려갔어. 청나라 군대는 9일 만에 한양에 도착했고, 정묘호란 때 인조가 피했던 강화도를 에워쌌지. 미처 피하지 못한 인조는 남한산성으로 몸을 피했어. 뒤늦게 이 사실을 안 청나라는 남한산성을 빙 둘러싸고 며칠 동안 막아섰지.

남한산성 남문 남한산성은 북한산성과 함께 수도 한양을 지킨 조선 시대의 산성이야.

남한산성의 날씨는 점점 추워지고 1만 3천여 명의 군사를 먹일 식량도 점점 떨어져 갔어. 성 안에 있는 인조와 신하들은 고민에 빠졌어. 청나라에 항복하자는 의견과 끝까지 싸우자는 의견이 팽팽했지. 인조는 전쟁 상황을 뒤집을 수 없는 데다 추위와 배고픔에 죽어 가는 병사들을 가만히 지켜볼 수 없었어. 그래서 남한산성에 갇힌 지 47일 만에 남한산성을 나갔지.

청나라 황제는 삼전도에서 인조에게 신하의 예를 갖춰 세 번 절하고 아홉 번 머리를 조아리라고 요구했어. 인조는 눈물을 머금고 치욕적인 항복을 하고 말았지. 이것을 '삼전도의 굴욕'이라고 해.

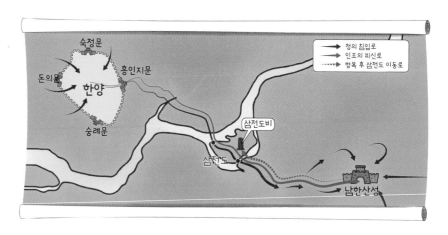

이로써 병자호란은 마무리되었어. 청나라와 조선은 형제의 나라에서 임금과 신하의 나라가 되고 말았단다. 그리고 소현세자와 봉림대군은 여러 신하들과 함께 청나라에 인질로 끌려갔어.

병자호란이 끝나자 청나라는 사사건건 조선을 간섭하며 무리한 요구를 했어. 청나라와의 약속을 지킬 수 없어서 스스로 목숨을 끊는 장수도 있었지. 청나라는 여전히 조선에 못된 짓을 일삼았어. 백성의 집을 약탈하여 식량을 강제로 빼앗는가 하면 많은 백성을 청나라 군사 또는 노비로 삼았지. 전쟁이 끝난 뒤에는 인질로 끌고 간 사람들을 많은 돈을 받고 조선에 되파는 등 만행을 저질렀단다.

이 무렵, 청나라에 끌려갔던 소현세자와 봉림대군이 돌아왔어. 인질 생활을 하는 동안 두 세자는 서로 다른 생각을 갖게 되었어. 첫째 아들인 소현세자는 청나라와 좋은 관계

삼전도비 청나라 황제의 위대함을 알리는 내용이 적힌 비석으로 청나라가 조선에 세운 비석이야. 오늘날 서울 송파구에 있어.

삼전도비까지 세우고, 너무 치욕적이에요.

그래서 삼전도비는 강에 던져지거나 땅에 묻히거나 페인트 칠을 당하는 등 수난을 많이 겪어.

같은 역사가 반복되지 않으려면 뼈아프게 기억해야 할 거 같아요.

를 유지하며 앞선 문물을 익히는 것이 조선의 앞날에 도움이 된다고 생각했어. 그래서 인조를 대신해 청나라와 외교 관계를 원만하고 당당하게 이어갔지. 이에 비해 둘째인 봉림대군은 청나라에 당한 굴욕을 잊지 않으며 청나라에 대한 적대심을 키워 갔어.

그런데 왕위를 이을 줄 알았던 소현세자가 조선에 온 지 두 달 만에 역병에 걸려서 갑자기 죽고 말았어. 둘째인 봉림대군이 왕위를 이어받았지. 조선의 제17대 왕 효종이 탄생한 거야.

疫 전염병 **역**
病 병 **병**
집단적으로 생기는 병

효종은 왕위에 오른 날로부터 청나라를 공격해서 원수를 갚겠다는 '북벌론'을 펼쳤어. 북벌론은 오랑캐 나라인 청나라를 쳐서 병자호란과 삼전도의 치욕을 되갚아 주자는 주장이야. 효종은 북벌을 위해 약해진 군대를 비밀스럽게 키우며 청을 공격할 전쟁 준비를 해 나갔어. 다른 한편에서는 폐허가 된 나라를 다시 일으키고 개혁을 해야 한다는 목소리가 높았지만 효종의 의지를 꺾지 못했지.

하지만 효종의 북벌을 향한 꿈은 결국 좌절되고 말았어. 효종이 왕위에 오른 지 10년 만에 갑자기 죽고 말았거든. 그 사이 청나라는 중국을 통일하고 거대한 나라가 되었지. 그러자 조선에서 북벌론은 온데간데없어졌어.

북벌은 북쪽을 벌한다는 뜻이네요? 북쪽은 청나라고요.

병자호란 뒤에 나라를 먼저 일으켜 세웠더라면 어땠을까?

외교 능력이 탁월했던 소현세자의 죽음도 안타까워요!

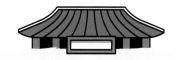

핵심 콕콕 역사 퀴즈

○ 병자호란이 일어난 순서에 맞게 빈칸에 번호를 써 보세요.

⑴ 조선 관군과 의병이 성을 쌓고 청
나라와 싸울 준비를 했다.

》 4

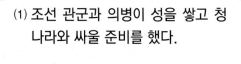

⑵ 조선은 청나라를 공격하자는 입장
과 청나라를 달래자는 입장으로
나뉘어 대립했다.

》

⑶ 청나라 황제는 12만 명의 대군을
이끌고 조선을 침략했다.

》

⑷ 후금이 조선에 무리한 요구를 했
다.

》

⑸ 인조가 삼전도에서 청나라에 항복
했다.

》

⑹ 인조가 남한산성으로 피신하고
청나라가 남한산성을 에워쌌다.

》

서술·논술 완벽 대비

① 남한산성에서 청나라에 항복하는 문제를 놓고 신하들의 의견은 나뉘었습니다. 자신이 그때의 신하라고 상상하며 어떤 의견을 냈을지 써 보세요.

> ✎

② 삼전도비는 오늘날 서울 송파구에 있습니다. 많은 논란이 있음에도 불구하고 그대로 두는 이유는 무엇인지 써 보세요.

> ✎

미루의 한눈에 쏙 마인드맵

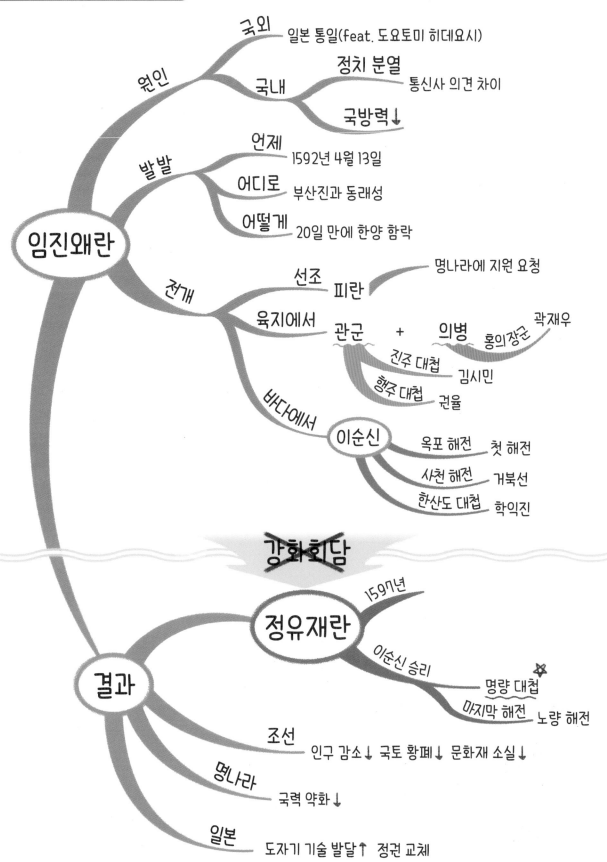

임진왜란

원인
- 국외 — 일본 통일(feat. 도요토미 히데요시)
- 국내
  - 정치 분열 — 통신사 의견 차이
  - 국방력↓

발발
- 언제 — 1592년 4월 13일
- 어디로 — 부산진과 동래성
- 어떻게 — 20일 만에 한양 함락

전개
- 육지에서
  - 선조 — 피란 — 명나라에 지원 요청
  - 관군 + 의병 — 홍의장군 곽재우
    - 진주 대첩 — 김시민
    - 행주 대첩 — 권율
- 바다에서 — 이순신
  - 옥포 해전 — 첫 해전
  - 사천 해전 — 거북선
  - 한산도 대첩 — 학익진

~~강화회담~~

정유재란
- 1597년
- 이순신 승리
  - 명량 대첩 ✡
  - 마지막 해전 — 노량 해전

결과
- 조선 — 인구 감소↓ 국토 황폐↓ 문화재 소실↓
- 명나라 — 국력 약화↓
- 일본 — 도자기 기술 발달↑ 정권 교체

150

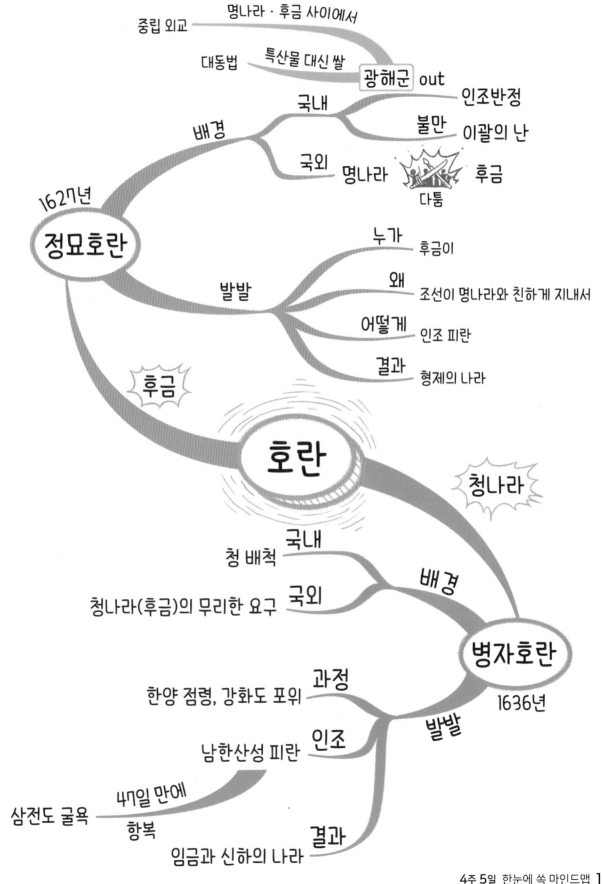

중립 외교 ── 명나라 · 후금 사이에서

대동법 ── 특산물 대신 쌀

광해군 out

국내 ── 인조반정

불만 ── 이괄의 난

국외 ── 명나라 다툼 후금

배경

1627년

정묘호란

발발 ── 누가 ── 후금이

왜 ── 조선이 명나라와 친하게 지내서

어떻게 ── 인조 피란

결과 ── 형제의 나라

후금

호란

청나라

국내 ── 청 배척

국외 ── 청나라(후금)의 무리한 요구

배경

병자호란

1636년

과정 ── 한양 점령, 강화도 포위

인조 ── 남한산성 피란

발발

삼전도 굴욕 ── 47일 만에 항복

결과 ── 임금과 신하의 나라

○ 임진왜란에 대한 역사책을 만들려고 합니다. 어떤 내용이 들어가면 좋을지 목차를 만들어 보세요. 목차는 책 내용의 순서와 제목을 정하는 거예요.

목차

○ 조선을 세우고 병자호란이 끝나기까지 있었던 사건들 중에서 가장 기억에 남는 것은 무엇인가요? 조선 전기부터 병자호란까지 중요한 사건 10가지를 뽑고 사건을 간단하게 소개해 보세요.

1.

2.

3.

4.

5.

6.

7.

8.

9.

10.

MEMO

진짜진짜

한국사 교과서 논술

3권

조선 건국~조선 후기

정답 및 해설

1주 · · · · · · · · 1일

핵심 콕콕 역사 퀴즈 16쪽

- ○ (1) 권문세족-최영 (2) 고려-정몽주
  (3) 신진 사대부-정도전 (4) 이방원-정몽주
  (5) 무인 세력-이성계 (6) 요동-최영

- ○ (1) 최영은 고려에서 대대로 관리를 지낸 권문세족으로 홍건적과 왜구로부터 고려를 지켰습니다.

  (2) 정몽주는 고려의 개혁을 원했지만 새로운 나라를 세우는 데는 반대했습니다.

  (3) 정도전은 신진 사대부로 이성계와 함께 새로운 나라를 세우려고 했습니다.

  (4) 정몽주가 새로운 나라를 세우는 데 반대하자 이성계의 아들 이방원이 죽였습니다.

  (5) 이성계는 홍건적과 왜구를 물리치며 새롭게 등장한 무인 세력입니다.

  (6) 최영은 우왕과 함께 요동을 정벌하자고 주장했습니다.

서술·논술 완벽 대비 17쪽

- ❶ 위화도는 고려가 요동을 정벌하기 위해 반드시 건너야 하는 압록강 하류에 있는 섬으로, 이곳을 건너면 바로 중국 땅입니다.
  한편, 이성계는 위화도에서 요동으로 가지 않고 군대를 돌려 개경으로 돌아왔습니다. 이성계는 그 뒤 정권을 잡고 새로운 나라 조선을 세웁니다.

- ❷ 당시 고려의 상황을 파악하고 해결 방안을 생각해 봅니다. 새로운 나라를 세우자는 입장에서는 단순한 개혁으로는 안 되는 근거를 들어야 하고, 고려를 그대로 두어야 한다는 입장에서는 새로운 나라를 세우면 빠질 수 있는 위험에 대한 근거를 들어야 합니다.

1주 · · · · · · · · 2일

핵심 콕콕 역사 퀴즈 22쪽

- ○ (1) 경복궁 (2) 육조 거리 (3) 숭례문
  (4) 운종가 (5) 보신각 (6) 종묘

- ○ (1) 경복궁은 왕이 머무는 궁궐로, 큰 복으로 나라를 잘 다스려서 백성이 잘 산다는 뜻이 있습니다.

  (2) 육조 거리는 경복궁 길 옆에 있던 관청들이 늘어선 거리입니다.

  (3) 숭례문은 한양으로 들어오는 사대문 중 남쪽에 있는 문으로, 예를 높인다는 뜻이 있습니다.

  (4) 운종가는 백성들이 물건을 사고팔 수 있도록 만든 시장 거리입니다.

  (5) 보신각은 사대문의 가운데에 있는 종입니다.

  (6) 종묘는 조선 시대 왕과 왕비의 위패를 모시고 제사를 지내는 곳입니다.

서술·논술 완벽 대비 23쪽

- ❶ 한강이 흘러서 물을 쉽게 이용할 수 있고, 물길을 이용하면 교통이 편합니다.
  한반도의 중심에 있어서 전국 어느 곳이든 쉽게 드나들 수 있습니다.
  산으로 둘러싸여 있어서 적이 쉽게 침입하지 못합니다.
  넓은 평야가 있어서 식량을 구하기 쉽습니다.

- ❷ 종묘는 왕과 왕비의 위패를 모시고 제사를 지내는 곳입니다. 이를 통해 조선이 효를 다해 조상을 섬긴다는 것을 알 수 있습니다.
  사직단은 토지 신과 곡식 신에게 제사를 지내는 곳입니다. 이는 조선이 농사를 나라의 근본으로 삼았다는 사실을 알 수 있습니다.

핵심 콕콕 역사 퀴즈　　28쪽

⦿ (1) 사병　(2) 주자소　(3) 육조　(4) 호패법
　　(5) 신문고

⦿ 태종은 왕권 강화와 제도를 정비하기 위해 많은 일을 했습니다.

(1) 태종은 왕권을 위협하는 사병을 폐지했습니다.

(2) 태종은 좋은 책을 만들기 위해 필요한 활자를 만드는 기관인 주자소를 세웠습니다.

(3) 태종은 의정부의 권한을 약화시키고 육조로부터 직접 보고를 받아 왕권을 강화시켰습니다.

(4) 태종은 양인 남자라면 누구나 호패를 가지고 다녀야 하는 호패법을 만들어서 인구 조사뿐 아니라 세금을 제대로 걷고 군인을 쉽게 모을 수 있도록 했습니다.

(5) 태종은 억울한 일이 있을 때 북을 울려서 알리는 신문고를 설치하여 백성의 목소리를 직접 듣고자 했습니다.

서술·논술 완벽 대비　　29쪽

❶ 1차 왕자의 난은 정도전이 이방석을 세자로 올리고 사병을 없애려 하자 이방원이 군사를 일으켰습니다.
2차 왕자의 난은 이방간이 거짓 소문을 듣고 이방원을 공격하려 하자 이를 미리 알고 군사를 일으켰습니다.
1, 2차 왕자의 난은 모두 강한 왕권을 세우려는 이방원의 의지 때문에 일어났습니다.

❷ 태종이 조선의 기틀을 마련한 왕이라고 주장하려면 태종의 업적을 근거로 내세워야 합니다. 태종이 왕권을 위협하는 세력을 희생시킨 왕이라고 주장하려면 정도전과 형제들을 희생시킨 왕자의 난을 근거로 들어야 합니다.

핵심 콕콕 역사 퀴즈　　34쪽

⦿ (1) ○　(2) ✕　(3) ✕　(4) ○　(5) ○　(6) ○
　　(7) ✕　(8) ○

⦿ (1) 세종은 태조, 정종, 태종에 이은 조선의 제4대 왕입니다.

(2) 집현전은 고려 시대 때부터 있던 곳입니다.

(3) 집현전은 군사를 지휘하는 곳이 아니라 학문을 연구하는 기관이었습니다.

(4) 세종은 조선 시대 경연을 많이 한 왕 중에 하나입니다.

(5) 세종은 신하들과 자주 이야기를 나누며 백성의 의견을 정치에 반영하고자 노력했습니다.

(6) 세종은 여진족을 몰아내기 위해 압록강과 두만강에 4군 6진을 설치했습니다.

(7) 세종은 4군 6진에 백성들이 옮겨 살도록 했습니다.

(8) 세종이 4군 6진을 설치해 국경이 북쪽으로 넓어졌습니다. 이때의 국경이 오늘날의 한반도 영토가 되었습니다.

서술·논술 완벽 대비　　35쪽

⦿ 세종은 신하들의 의견을 존중하며 나라를 다스렸습니다. 좌의정과 우의정의 대표 신하들이 서로 다른 의견을 만들고 세종이 해결 방안을 찾는 내용으로 써 봅니다.
여진족이 백성들을 괴롭히는 문제에 대해 강하게 대처하자는 입장과 살살 달래자는 입장을 모두 생각해 보고, 4군 6진을 설치하자고 제안하는 내용으로 써 봅니다.
학문을 연구하고 인재를 기를 수 있는 여러 방법을 생각해 보고, 집현전의 역할을 강화시키자는 의견을 내는 내용으로 써 봅니다.

1주 5일

핵심 콕콕 역사 퀴즈　40쪽

- (1) 삼심 제도　(2) 향약집성방
  (3) 삼강행실도　(4) 공법

- (1) 세종은 억울한 일을 당해도 변호할 방법을 모르는 백성을 위해 세 번의 기회를 주기 위해 삼심 제도를 만들었습니다.
- (2) 세종은 백성이 아플 때 우리 풍토에 맞는 약재로 처방받아 치료받을 수 있도록 하기 위해 《향약집성방》을 펴냈습니다.
- (3) 세종은 백성 모두가 유교를 쉽게 배워서 실천할 수 있도록 하기 위해 《삼강행실도》를 펴냈습니다.
- (4) 세종은 백성이 날씨와 토양에 따라 알맞게 세금을 낼 수 있도록 하기 위해 많은 노력을 기울인 끝에 공법이라는 세금 제도를 만들었습니다.

서술·논술 완벽 대비　41쪽

❶ 공법에 대한 이해를 먼저 한 뒤에 찬성과 반대의 입장을 세워야 합니다. 공법은 땅의 넓이에 따라 똑같이 걷는 세금 제도와 달리 그해의 날씨와 토양의 질에 따라 세금을 다르게 부과하는 제도입니다. 모두에게 공평하다고 보면 찬성의 입장을 세울 수 있지만 비옥한 토양을 가진 사람의 입장에서는 반대의 입장을 세울 수 있을 것입니다. 각각의 입장에서 주장하는 근거를 충분히 들어야 합니다.

❷ 집현전 학사인 신숙주는 왕의 특별한 배려에 고마움을 느꼈을 것입니다. 이 고마움에 보답하기 위한 신하로서의 마음이나 다짐을 써 봅니다.

2주 1일

핵심 콕콕 역사 퀴즈　52쪽

- (1) ㉠ 혼천의　(2) ㉢ 자격루　(3) ㉣ 측우기
  (4) ㉡ 앙부일구　(5) ㉢ 수표

- (1) 혼천의는 별자리의 위치와 움직임으로 시간을 알 수 있는 관측기구입니다.
- (2) 자격루는 물을 떨어뜨려 일정한 양이 채워지면 스스로 종을 치며 시간을 알려 주는 관측기구입니다.
- (3) 측우기는 비의 양을 정확히 재기 위해 문종의 건의로 만든 관측기구입니다.
- (4) 앙부일구는 해의 움직임에 따라 생기는 그림자로 시간을 알려 주는 관측기구입니다.
- (5) 수표는 강물의 높이에 따른 눈금으로 강물의 높낮이를 재는 관측기구입니다.

서술·논술 완벽 대비　53쪽

❶ 당시 조선은 중국의 농사법을 그대로 따라 농사를 지어 농사를 망치는 일이 잦았습니다. 조선과 중국은 땅의 성질과 기후가 다르기 때문입니다. 그래서 세종은 이 문제를 해결하고 우리의 풍토에 맞는 농사법을 알리기 위해 《농사직설》을 펴냈습니다.

❷ 당시 조선은 중국의 역법을 따르고 있어서 많은 어려움이 있었습니다. 중국과 조선은 위치가 달라 시각에 차이가 있기 때문입니다. 그래서 세종은 학자들에게 우리 실정에 맞는 역법을 연구하게 해서 《칠정산》을 펴냈습니다.

핵심 콕콕 역사 퀴즈　58쪽

◯ (1) ○　(2) ✕　(3) ○　(4) ✕　(5) ✕　(6) ○
　(7) ✕

◯ (1) 세종은 목구멍과 입, 혀 등 소리가 나오는 기관의 모양을 본떠 자음 17자를 만들었습니다.

(2) 세종은 세상을 이루는 원리를 담아 모음 11자를 만들었습니다.

(3) 훈민정음은 백성을 가르치는 바른 소리라는 뜻입니다.

(4) 명나라의 학문을 따르는 신하들은 한자를 써야 한다고 주장하면서 훈민정음 사용에 반대했습니다.

(5) 양반들은 훈민정음이 상스럽고 부족한 글자라며 '언문'이라고 얕잡았습니다.

(6) 《훈민정음》 해례본에는 훈민정음의 창제 원리가 나와 있습니다.

(7) 우리말은 있지만 우리글이 없어서 중국의 한자를 빌려 사용했습니다.

서술·논술 완벽 대비　59쪽

❶ 최만리는 성리학을 근본으로 따르는 조선의 체계가 뒤흔들릴 것을 염려하며 훈민정음을 사용하지 말아야 하는 이유를 말하고 있습니다. 따라서 이 주장을 반박하려면 훈민정음의 필요성과 글자가 없어서 백성들이 억울한 일을 당하거나 불편한 생활을 하는 사례를 들어야 합니다. 또한 훈민정음을 사용하면 좋은 점을 충분히 설득력 있게 제시하면 됩니다.

❷ 한글의 우수성을 객관적이고 사실적으로 설명해야 합니다. 먼저, 한글이 제작자와 제작 시기를 알 수 있는 문자라는 점, 창제 원리가 과학적이고 체계적인 조합이 가능해서 쉽게 익힐 수 있다는 점, 유네스코 세계기록유산 등 세계적으로 우수성을 인정받았다는 점 등을 들 수 있습니다.

핵심 콕콕 역사 퀴즈　64쪽

◯ ① 사육신　② 김종서　③ 안평대군
　④ 단종　⑤ 수양대군　⑥ 계유정난

◯ ① 사육신은 단종을 다시 왕으로 세우려다가 죽임을 당한 성삼문, 박팽년, 하위지, 이개, 유성원, 유응부를 말합니다.

② 김종서는 6진을 개척하고 단종 때 나랏일을 하다가 죽임을 당한 인물입니다.

③ 안평대군은 수양대군의 동생으로 단종을 돕다가 죽임을 당한 인물입니다.

④ 단종은 문종의 장남으로 조선의 제6대 왕에 올랐다가 수양대군에 의해 폐위된 인물입니다.

⑤ 세조는 왕위에 오르기 전에 수양대군으로 불렸습니다.

⑥ 계유정난은 수양대군이 단종의 왕위를 빼앗으려고 신하들과 형제들을 죽인 사건입니다.

서술·논술 완벽 대비　65쪽

❶ 12세 어린 나이에 단종이 왕위에 오르자 김종서, 황보인 등의 신하가 중심이 되면서 왕권을 위협받았습니다. 그러자 왕족이었던 수양대군은 왕권이 휘둘리는 걸 못마땅하게 생각했습니다.

❷ 세조는 어린 조카를 죽이고 왕위에 올랐기 때문에 윤리적으로 비판받습니다. 반면, 신하들에게 왕권이 휘둘리는 걸 비판한 인물이기도 합니다. 역사적 관점에서 어떤 것을 더 크게 봐야 할지 자신의 생각을 써 봅니다.

2 주 ◆◆◆◆◆◆◆ 4일

핵심 콕콕 역사 퀴즈   70쪽

- ◯ (1) 훈구 (2) 사림 (3) 훈구 (4) 훈구 (5) 사림
  (6) 사림 (7) 사림 (8) 훈구

◯ (1) 훈구는 조선 개국이나 세조 즉위에 공을 인정받아 관리가 된 세력입니다.

(2) 사림은 지방으로 내려가 유교를 공부하면서 정치에 간접적으로 참여했습니다.

(3) 훈구는 왕권이 약할 때 권력을 행사하면서 나랏일을 운영할 수 있었습니다.

(4) 훈구는 경험을 토대로 왕에게 조언하는 역할도 했습니다.

(5) 사림은 유교적 명분을 어기고 단종을 내쫓은 세조를 인정하지 않았습니다.

(6) 사림은 지방 관리를 감시하는 역할을 했습니다.

(7) 사림은 지방에서 유교를 가르치며 제자를 길렀습니다.

(8) 훈구는 조선 개국 때부터 권력을 이어오다 보니 부패하게 되었습니다.

서술·논술 완벽 대비   71쪽

❶ 주제에 대한 생각을 근거를 들어 주장해야 하는 문제입니다. 훈구와 사림이 함께 정치하는 게 좋다고 주장하려면 두 세력이 견제와 균형을 이루어 좋았던 근거나 사례를 들어야 합니다. 반대의 입장이라면 두 세력이 경쟁하면서 시간과 노력이 소모되었던 근거와 사례를 들어야 합니다.

❷ 삼사는 왕의 소양과 학식을 높이고 관리를 감시하며 여론을 왕에게 전달하는 역할을 했습니다. 삼사가 제대로 기능하면 왕이 어질게 정치하고, 관리가 부패하지 않고, 백성의 뜻이 잘 반영될 것입니다.

2 주 ◆◆◆◆◆◆◆ 5일

핵심 콕콕 역사 퀴즈   76쪽

- ◯ (1) 경국대전 (2) 사헌부 (3) 동국여지승람
  (4) 동국통감 (5) 악학궤범

◯ (1) 조선 시대에는 왕부터 백성까지 《경국대전》에 정한 규범을 따랐습니다.

(2) 사헌부를 비롯한 삼사에서는 왕과 관리의 잘못을 감시하는 역할을 했습니다.

(3) 《동국여지승람》은 전국의 지리, 풍속, 인물 등을 자세하게 기록한 지리서입니다.

(4) 《동국통감》은 고조선부터 고려까지의 역사를 기록한 책입니다.

(5) 《악학궤범》은 백성이 음악을 통해 바른 마음을 가지도록 하기 위해 편찬한 책입니다.

서술·논술 완벽 대비   77쪽

❶ 제시된 내용은 땅을 살 때, 시집을 갈 때, 아픈 부모를 둔 남자가 군대를 갈 때, 아내가 죽은 남자가 재혼을 할 때 등 일상의 상황에서 어떻게 해야 할지 《경국대전》에서 정해 놓은 것입니다. 이를 통해 《경국대전》이 백성들의 생활에 밀접한 영향을 주었다는 것을 알 수 있습니다.

❷ 성종과 세종의 공통점을 찾아야 합니다. 세종은 집현전, 성종은 홍문관이라는 학문 연구 기관을 두었고, 많은 책을 펴내면서 문화 발전을 이루었습니다. 그리고 세종과 성종 모두 경연을 통해 신하들의 다양한 의견을 들었습니다.

핵심 콕콕 역사 퀴즈　88쪽

- (1) 연산군　(2) 조광조　(3) 연산군　(4) 조광조
  (5) 연산군　(6) 을사사화　(7) 중종

- (1) 연산군은 과거에 김종직이 세조를 비판한 조의제문을 썼다는 이유로 김종직과 사림들을 몰살시켰습니다.

  (2) 조광조는 《소학》을 알리고 향약을 권장하는 등 백성 계몽에 노력했습니다.

  (3) 연산군은 임사홍의 말을 듣고 어머니를 내쫓은 사림을 몰살시켰습니다.

  (4) 조광조는 훈구 세력의 모함으로 죽임을 당했습니다.

  (5) 연산군은 백성들이 사는 곳에서 사냥을 하는 등 만행을 저질렀습니다.

  (6) 을사사화는 명종의 외척들이 왕위 계승 문제로 사림에게 화를 입힌 사건입니다.

  (7) 중종은 잘못된 정치를 고치기 위해 홍문관을 강화하고 유교 질서를 바로잡았습니다.

서술·논술 완벽 대비　89쪽

❶ '사화'는 훈구에 의해 사림이 화를 입었다는 뜻입니다. 제시된 사화 모두 훈구가 사림 세력을 없애기 위해 엉뚱한 사건을 문제삼았다는 공통점이 있습니다.

❷ 연산군은 잔악한 행동으로 수많은 희생을 초래한 왕입니다. 무서울 것이 없어 보이는 연산군도 역사에 자신이 어떻게 기록될지 두려워했습니다. 이는 왕이라도 역사적 평가에서 자유로울 수 없음을 의미합니다. 사화를 역사적으로 어떻게 평가할 수 있을지 근거를 들어 써 보세요.

핵심 콕콕 역사 퀴즈　94쪽

- (1) ㉡　(2) ㉠　(3) ㉣　(4) ㉢

- (1) 삼강오륜 중 장유유서는 어른과 아이 사이의 관계를 정한 덕목입니다.

  (2) 조선 시대 백성은 마을 공동체를 이루어 두레와 품앗이를 통해 중요한 행사나 일손이 필요할 때에 서로 도왔습니다.

  (3) 조선 시대 백성은 일하다가 쉴 때 땅바닥에 판을 그려놓고 말을 따는 고누 놀이를 즐겼습니다.

  (4) 조선의 선비들 사이에서는 희고 고운 백자가 유행했습니다.

서술·논술 완벽 대비　95쪽

❶ 삼강오륜은 신하와 임금, 자식과 어버이, 아내와 남편, 어른과 아이, 친구 등 사람 사이에 필요한 예절을 정한 것입니다. 시대마다 사회가 요구하는 역할이 달라지면서 사람이 지켜야 할 덕목에도 변화가 생깁니다. 자유와 평등을 중시하는 현대 사회에 필요한 예절이 무엇인지 생각해서 써 봅니다.

❷ 관례, 혼례, 상례, 제례
조선 시대는 유교 사회였기 때문에 백성들이 태어나서 죽을 때까지 유교의 가르침대로 살았습니다. 성인이 될 때, 혼례를 할 때, 장례를 치를 때, 제사를 치를 때와 같은 인생의 중요한 시기의 예법을 전해서 자손들이 유교와 효를 실천하기를 바랐기 때문입니다.

3주 ◆◆◆◆◆◆◆◆◆◆◆◆ 3일

핵심 콕콕 역사 퀴즈   100쪽

◉ (1) 양반 (2) 중인 (3) 중인 (4) 상민 (5) 상민
    (6) 천민 (7) 양반 (8) 상민

◉ (1) 홍문관 등 조정에서 일을 하는 문반은 양반 신분입니다.

(2) 궁중에서 의약을 담당하는 의관은 중인 신분입니다.

(3) 도화서는 그림에 관한 일을 맡아보던 관아입니다. 이곳에서 그림을 그리는 화원은 중인 신분입니다.

(4) 조선 시대 농부는 상민 신분으로 조선 사회 백성의 대부분을 차지했습니다.

(5) 운종가 등에서 장사를 하는 상인은 상민 신분입니다.

(6) 주인에게 속해 있는 노비는 천민 신분입니다.

(7) 군사 일과 관련된 관직을 맡은 무반은 양반 신분입니다.

(8) 조선 시대 대장장이는 상민 신분에 해당합니다.

서술·논술 완벽 대비   101쪽

❶ 그림에 제시된 여성의 모습을 살펴봅니다. 왼쪽 그림의 여성은 양반 계급으로 말을 타고 하인을 데리고 가고 있습니다. 그러나 아이를 안은 채 쓰개치마를 입고 얼굴을 숨기고 있지요. 그리고 오른쪽 그림의 여성들은 비교적 자유로운 복장으로 길쌈을 하거나 아이를 돌보고 있습니다. 이를 통해 양반 여성은 지위는 높았으나 자유롭지 못했고, 평민 여성은 비교적 자유로웠지만 일을 많이 했음을 알 수 있습니다.

❷ 조선 사회와 현대 사회를 비교하여 자신의 생각을 써 봅니다. 조선 시대는 태어나면서부터 신분이 정해져서 거의 변하지 않는 사회였습니다. 모든 기회는 몇몇 계층에게 주어졌고, 백성들은 일을 많이 하면서 대우를 받지 못했습니다. 이에 대한 자신의 생각을 써 봅니다.

3주 ◆◆◆◆◆◆◆◆◆◆◆◆ 4일

핵심 콕콕 역사 퀴즈   106쪽

❶ (1) 문과 (2) 무과 (3) 잡과

❷ (1) ㉠ (2) ㉠

❶ (1) 문관을 뽑는 문과는 3년에 한 번 열리는 데다 33명만 뽑아서 경쟁률이 높았습니다.

(2) 무관을 뽑는 무과는 28명을 뽑았습니다.

(3) 역관, 의관 등을 뽑는 과거 시험은 잡과입니다.

❷ (1) 서당은 지방마다 글공부를 한 양반이 여는 초등 교육 기관으로, 천자문과 유교의 경전을 배웠습니다.

(2) 성균관은 조선 최고의 교육 기관으로 과거 시험을 준비하고 공자의 제사를 지냈습니다.

서술·논술 완벽 대비   107쪽

◉ 제시된 문제 중에서 하나를 골라 '서론-본론-결론'으로 글을 구성해 봅니다. 현대에 없는 상황이라면 자기가 처한 상황과 비슷한 경우를 대입해 봅니다. 올바른 신하 대신 좋은 동생이 되는 방법을 생각해 보고, 효율적인 인재 양성법 대신 리더에게 필요한 과목 등을 생각해 봅니다. 또 실수를 받아들이는 방법, 과소비를 줄이는 방법 등은 현재에도 비슷하게 적용될 수 있을 것입니다. 그리고 도적의 수가 느는 이유, 범죄자가 줄지 않는 까닭은 사회에서 원인을 찾으면 해결 방법을 제시할 수 있을 것입니다.

핵심 콕콕 역사 퀴즈   112쪽

- (1) ○ (2) × (3) ○ (4) ○ (5) ○ (6) ○

- (1) 사화로 설 자리가 없던 사림은 지방에 서원을 짓고 제자들을 가르쳤습니다.

  (2) 유학을 공부한 사림은 음서제가 아니라 과거를 통해 중앙에 진출했습니다.

  (3) 사림은 훈구 세력에 강경한 입장과 온건한 입장으로 생각이 갈렸습니다.

  (4) 사림은 이조 전랑을 두고 벌인 싸움으로 동인과 서인으로 나뉘었습니다.

  (5) 학문적, 정치적 입장이 같은 사람의 무리를 붕당이라고 합니다.

  (6) 왕에게 다양한 의견을 전할 수 있다는 것은 붕당 정치의 장점입니다.

서술 · 논술 완벽 대비   113쪽

❶ 사림은 과거 시험을 보고 관직에 오르면서 조선 조정에서 세력을 키워 나갑니다. 그런데 사림의 수에 비해 관직의 수가 너무 적었어요. 그래서 사림들이 관직을 서로 차지하려고 다툼이 벌어졌고, 서로 입장이 같은 사람들끼리 모여 붕당을 형성한 것입니다.

❷ 붕당 정치는 생각이 같은 사람끼리 당을 이루어 서로 견제와 균형을 통해 정치를 하는 것을 말합니다. 그런데 이것이 잘 운영되면 왕에게 다양한 의견을 제시할 수 있지만, 잘못 운영되면 혼란을 초래한다는 단점이 있습니다. 이 두 가지 중 어떤 쪽을 더 부각할지 자신의 입장을 정하고 이에 대한 근거를 제시해야 합니다.

핵심 콕콕 역사 퀴즈   124쪽

- (1) ○ (2) × (3) ○ (4) × (5) ×

- (1) 조선은 건국 후 200년 동안 작은 전쟁은 있었지만 큰 전쟁은 없었습니다.

  (2) 조선은 명나라와는 사대 외교를, 여진과 일본과는 교린 외교를 펼쳤습니다.

  (3) 토요토미 히데요시는 명나라를 치기 전 조선을 먼저 칠 계획을 세워서 길을 내어 달라는 핑계를 댔습니다.

  (4) 조선은 세종 때부터 삼포를 열어 일본과 교류하였습니다.

  (5) 일본 통신사로 갔던 황윤길은 전쟁을 준비해야 한다고 전했고, 김성일은 그럴 필요가 없다고 했습니다.

서술 · 논술 완벽 대비   125쪽

❶ 당시 일본은 배 위에 올라타서 칼로 싸우는 백병전에 능했습니다. 거북선은 배 갑판을 덮고 창검과 송곳을 꽂아 적이 오르지 못하도록 만든 배입니다. 그러니 일본과 바다에서 싸울 때 유리했습니다. 게다가 거북선은 사방에서 화포를 쏠 수 있어서 적진을 쉽게 흐트러뜨릴 수 있었습니다. 거북선의 이러한 장점이 잘 드러나게 써 보세요.

❷ 첫째, 200년 동안 큰 전쟁이 없었기 때문입니다. 둘째, 일본에 대한 정보가 부족했고 일본을 오랑캐 나라로 얕보았기 때문입니다. 셋째, 신하들이 편을 나눠 다투느라 전쟁에 대비할 기회를 놓쳤기 때문입니다.
조선은 건국 후 200년 동안 큰 전쟁 없이 평온하게 살았기 때문에 군사력이 약해졌습니다. 이에 비해 일본은 100년 동안의 내전을 통해 군사력을 키웠습니다.

4주 ❖❖❖❖❖❖❖❖ 2일

핵심 콕콕 역사 퀴즈　　　　　130쪽

◎ 5 - 2 - 1 - 3 - 6 - 4

◎ 일본군이 부산진과 동래성을 통해 침입하자 선조는 신립 장군을 충주로 보냈지만 크게 패합니다. 일본군이 한양으로 진군해 선조는 궁궐을 빠져나가지만 조선 수군은 거제도에서 첫 승리를 거두고 한산도에서도 학익진 전법으로 일본군을 무찌릅니다. 육지에서는 의병이 일어났고, 선조는 명나라에 지원군을 요청합니다. 명군과 조선 연합군은 평양성에서 첫 승리를 거둡니다.

서술·논술 완벽 대비　　　　　131쪽

❶ 이순신의 《난중일기》는 임진왜란을 치른 장수의 생생한 전쟁 기록입니다. 사실을 토대로 서술하되, 이순신 장군의 마음으로 일기를 써 봅니다. 한산도 대첩은 학익진 전법을 이용해서 일본 수군을 크게 물리친 전쟁입니다. 학익진을 구상하는 과정, 일본군을 기다리는 과정, 치열하게 전투하는 과정, 승리의 기쁨을 누리는 과정, 병사의 희생을 보는 장군의 마음 등이 담길 수 있도록 써 봅니다.

❷ 제시된 지도를 통해 임진왜란 때 전국에 걸쳐 수많은 의병이 일어났다는 것을 알 수 있습니다. 의병은 훈련된 군사가 아니기 때문에 기술과 무기가 없었습니다. 그래서 관군과 함께 참여하거나 스스로 작전을 짜고 무기를 만들어서 적과 싸우는 일이 많았습니다.

4주 ❖❖❖❖❖❖❖❖ 3일

핵심 콕콕 역사 퀴즈　　　　　136쪽

◎ (1) 곽재우 (2) 김시민 (3) 권율 (4) 이순신
　　(5) 광해군 (6) 선조

◎ (1) 곽재우는 낙동강과 진주에서 승리한 의병장으로, 붉은색 옷을 입었다고 하여 홍의 장군이라고 불렸습니다.

(2) 김시민은 진주에서 곽재우와 함께 진주 대첩을 이끈 인물로, 끓는 물과 짚을 불태워서 일본군에 승리를 했습니다.

(3) 권율은 행주산성에서 수많은 백성과 일본군에 맞서 큰 승리를 거두었습니다.

(4) 이순신은 정유재란 때 13척의 배로 명량 해협의 지형을 이용해 일본의 대군을 크게 무찔렀습니다.

(5) 광해군은 임진왜란 중에 왕을 대신하여 군사를 모으고 백성들을 지휘하며 일본군에 맞섰습니다.

(6) 선조는 일본의 움직임을 파악하지 못하여 침입을 받아 궁궐을 떠나 피란 생활을 했습니다.

서술·논술 완벽 대비　　　　　137쪽

❶ 진주성은 곡창 지대인 전라도로 향하는 길목에 있었기 때문입니다. 일본군은 전국에서 일어난 의병에게 공격당하며 전쟁이 길어지고 이순신 수군에게 패해 병사의 식량을 댈 수 없게 되었습니다. 그래서 곡창 지대인 전라도를 공격해 식량을 확보하려고 했습니다. 결국 일본이 두 번이나 진주성을 공격한 이유는 식량을 확보하기 위해서입니다.

❷ 명량 대첩에서 패한 일본군은 기가 죽어서 군대를 하나둘씩 빼기 시작했습니다. 그리고 전쟁을 지휘하던 토요토미 히데요시까지 죽는 바람에 모두 후퇴하면서 전쟁은 끝이 납니다.

핵심 콕콕 역사 퀴즈 142쪽

◎ (1) 5 (2) 3 (3) 4 (4) 2 (5) 6 (6) 1

◎ 임진왜란 뒤 광해군은 민심을 수습하고 명과 후금 사이에 중립 외교를 펼쳤습니다. 그런데 광해군을 못마땅하게 생각하던 서인들이 광해군을 몰아내고 인조를 세웁니다. 그 뒤 이괄의 난으로 불안해진 틈을 타고 후금이 함경도와 전라도를 쳐들어오는 정묘호란이 일어났습니다. 이에 대한 대비를 하지 못한 조선은 크게 패하였고 후금과 형제의 나라가 되기로 약속했습니다.

서술 · 논술 완벽 대비 143쪽

❶ 백성 대부분이 농민인데 공납으로 내는 특산물은 구하기도 어렵고 관리의 횡포도 심해져서 문제였습니다. 그런데 특산물 대신 쌀을 내면 이 문제가 해결될뿐더러 토지에 따라 세금을 내므로 백성의 세금 부담이 줄어듭니다.

❷ 광해군의 중립 외교는 나라와 백성의 안전을 돌본 면에서 실리적인 이익을 추구한 정책입니다. 하지만 명나라를 섬기는 조선의 사대주의와는 달라서 비판을 받았습니다. 두 가지 중 어느 쪽이 자신의 생각과 더 가까운지 판단해 주장해 봅니다.

핵심 콕콕 역사 퀴즈 148쪽

◎ 4 - 2 - 3 - 1 - 6 - 5

◎ 형제의 나라를 약속 받은 후금이 조선에게 무리한 요구를 해 오자 조선은 후금을 공격하자는 강경과 후금을 설득하자는 회유의 두 파로 나뉩니다. 결국 후금을 공격하자는 의견 쪽으로 기울자 명나라를 무너뜨리고 이름을 바꾼 청나라가 병자호란을 일으킵니다. 조선은 침략에 대비해 기다렸으나 청군은 인조를 잡기 위해 한양으로 갔습니다. 추운 겨울 인조는 남한산성으로 피해 버티다가 항복하며 삼전도에서 청나라의 신하가 되는 굴욕을 당합니다.

서술 · 논술 완벽 대비 149쪽

❶ 인조와 군사들은 남한산성에 포위되어 꼼짝하지 못했습니다. 조선 관군은 추위에 지치고 식량까지 떨어져서 위급한 상황이었습니다. 이러한 상황이라면 어떻게 해야 할지 생각해 봅니다. 남한산성에서 끝까지 싸우자는 입장에서는 조선의 자존심을 지킨다는 의미를 강조해야 하고, 항복하자는 입장에서는 아무 잘못 없는 군사들을 살리자는 명분을 강조해야 할 것입니다.

❷ 굴욕의 역사를 잊지 말고 교훈으로 삼는 것은 역사를 배우는 이유 중 하나입니다. 어느 역사나 밝은 면과 어두운 면이 함께 있습니다. 승리의 유적만 남길 경우에는 패배의 역사를 기억하고 반성하기 힘듭니다. 삼전도비는 이런 의미에서 반성하고 다짐하기 위해 세운 것입니다.

1주

15쪽 태조 이성계 어진(어진박물관) | 19쪽 종묘·사직단(한국학중앙연구원) | 21쪽 흥인지문·숭례문·숙정문·보신각(한국학중앙연구원), 돈의문(국립중앙박물관) | 27쪽 호패(국립중앙박물관), 이근오 호패(국립민속박물관) | 33쪽 야연사준도(고려대학교박물관) | 36쪽 향약집성방(국립중앙박물관) | 37쪽 삼강행실도(국립중앙박물관)

2주

48쪽 농사직설·칠정산 내편·필정산 외편(규장각한국학연구원) | 49쪽 혼천의(한국학중앙연구원), 앙부일구(국립민속박물관) | 80쪽 자격루·수표(한국학중앙연구원) | 51쪽 측우기 (위키미디어) | 56쪽 월인천강지곡(문화재청), 용비어천가(규장각한국학연구원) | 57쪽 훈민정음·세종어제훈민정음(규장각한국학연구원) | 60쪽 화차(전쟁기념관) | 63쪽 월중도(한국학중앙연구원) | 67쪽 김회련 개국원종공신녹권(한국학중앙연구원) | 72쪽 경국대전(한국학중앙연구원) | 74쪽 악학궤범(한국학중앙연구원 장서각) | 75쪽 신증동국여지승람(규장각한국학연구원)

3주

85쪽 연산군 시대 금표비(한국학중앙연구원) | 87쪽 조광조 적려유허비(한국학중앙연구원) | 90쪽 삼강행실도(국립중앙박물관) | 92쪽 논갈이·고누 놀이(국립중앙박물관) | 93쪽 백자 끈무늬 병(국립중앙박물관), 분청사기 조화문병·달 항아리·초충도(국립중앙박물관) | 97쪽 평생도(국립민속박물관) | 98쪽 복쇠자매문기(국립중앙박물관) | 99쪽 나들이·길쌈(국립중앙박물관) | 102쪽 서당(국립중앙박물관) | 103쪽 성균관(한국학중앙연구원) | 104쪽 홍패(국립중앙박물관) | 105쪽 공원춘효도(성호박물관) | 108쪽 소수서원 현판(소수박물관) | 109쪽 소수서원(한국학중앙연구원) | 117쪽 벼타작(국립중앙박물관)

4주

122쪽 징비록(국립중앙박물관), 거북선(전쟁기념관) | 126쪽 임진전란도(규장각한국학연구원) | 127쪽 화석정(한국학중앙연구원), 조총(국립전주박물관) | 129쪽 난중일기(현충사관리사무소) | 133쪽 진주대첩 기록화·편곤(전쟁기념관), 비격진천뢰(국립고궁박물관) | 135쪽 현자총통(국립중앙박물관) | 141쪽 호병도(국립중앙박물관) | 145쪽 남한산성 남문(한국학중앙연구원) | 146쪽 삼전도비(한국학중앙연구원)

MEMO

절취선